Diafotistik

Rosemarie Johanna Sichmann

Diafotistik

Abschied von der Esoterik

Aufklärung und Aufbruch in die neue Zeit

Rosemarie Johanna Sichmann

Lektorat: Benjamin Sichmann

Umschlaggestaltung: Tobias Sichmann

Bibliografische Information der Deutschen Nationalbiblio-thek: Die Deutsche Nationalbibliothek verzeichnet diese Publikation in der Deutschen Nationalbibliografie; detail-lierte bibliografische Daten sind im Internet über dnb.dnb.de abrufbar.

Herstellung und Verlag:

BoD – Books on Demand, Norderstedt

ISBN: 9783752669947

Lies mich

Erinnere dich

Und deine Seele ist geheilt

INHALTSVERZEICHNIS

DIAFOTISTIK

Fragen des Lebens

"Wir müssen von Zeit zu Zeit eine Rast einlegen und warten, bis uns unsere Seelen wieder eingeholt haben."

Indianische Weisheit

Vegetierst du dahin oder bist du schon aufgewacht? Woher kommst du? Wohin gehst du? Besteht dein Dasein nur aus einem Körper und einem Verstand? Wenn du dieser Meinung bist, wie erklärst du dir dann ein Gefühl wie Liebe oder das Empfinden von Trauer, Emotionen mit den verschiedenen Facetten von fröhlich bis entmutigt?

Das sind Fragen, die sich wahrscheinlich fast jeder Mensch schon einmal gestellt hat. Und doch differenzieren wir uns durch verschiedene Vorstellungen und Denkweisen. Rätsel wie diese werden weggeschoben, ignoriert oder unterdrückt. Selten wird einmal mit anderen Personen darüber gesprochen. In unserer Gesellschaft ist wenig Platz für Spiritualität. Wir glauben zwar spirituelle, vielleicht auch noch religiöse Menschen zu sein, doch hat sich in den letzten Jahrzehnten eine Pseudo-Spiritualität in unser Leben geschlichen, die nicht wirklich mit einer alles Leben durchdringenden

Spiritualität konform geht. Denn wir leben sie nicht mehr, bestenfalls reden wir manchmal darüber. Viele möchten auf dieser Spirit-Welle mitsurfen, doch die wenigsten Menschen sind sich bewusst, was mit einer gelebten Erfahrung damit einhergeht.

Echte Spiritualität durchdringt jeden Augenblick eines Erlebens. Sie kann nicht in Phasen und Abschnitten gelebt werden. Nur wenn sie in jeder Sekunde unseres Lebens spürbar ist, kann sie sich entwickeln und rückerinnern. Unser Dasein wird dann eine magische Reise, in der wir immer öfter Fenster von anderen, viel höher schwingenden Dimensionen, öffnen und hindurchsehen. Manchmal, nach besonders intensiven Wahrnehmungen, öffnet sich auch eine Tür, ein Portal in eine andere Schwingung, die sich viel feiner und leichter anfühlt, in der man nur mehr ist. Diese Energie macht sich bemerkbar ohne Vortäuschungen, ohne Kompromisse und weit entfernt von den gewohnten Reaktionen unseres Menschseins. Verhaltensmuster sind ausgeladene Gäste auf dieser Ebene. Sie haben keinerlei Daseinsberechtigung und können hier nicht mehr festgehalten und gelebt werden. Nur das ICH-BIN fügt sich ohne eigene Erwartungen in das neue Schwingungsbild ein. Alles wird einfach und inspirierend für die Seele, wie wohltuend doch solche Momente sind. Werden wir in den Alltag zurückkatapultiert, geht es wieder von neuem los, mit einer unstillbaren Sehnsucht, diesen Zustand immer wieder erreichen zu wollen.

Wenn du dich in diesen Zeilen wiedererkennst, werden dich die angebotenen Energieschätze der sieben Sternschreiber wohltuend bereichern. Vieles kannst du dann in einem anderen Licht sehen und das spirituelle Leben lässt sich leichter im Alltag integrieren und erfahren. Erst wenn das Schwingungsanheben dauerhaft vonstattengeht, wird das Licht dich nicht mehr beleuchten, sondern du wirst zu einer Lichtquelle für diesen Planeten samt der Menschheit, den Tieren, der Pflanzen, der Erde, der Luft und natürlich dem Wasser. Dadurch hört der andauernde Kampf ums Überleben auf. Nicht das Geringste in deinem Leben wird mehr in Frage gestellt. Alle Individuen können so angenommen werden, wie sie sich gerade präsentieren. Keine Zeit wird mehr vergeudet mit endlosen Gedankenkarussellen und Gedankenspielen. Jede Handlung entspringt der wahren Seele und ist frei von allem Egoismus und sich ständig verändernden Wertvorstellungen. Entscheidungen werden bereits im Vorfeld gefühlt und die Wörter *Erwartung und Enttäuschung* haben keine Ermächtigung mehr in unserem Leben.

Trifft dies alles in deinem Leben zu, lebst du bereits den Himmel auf Erden. Du bist der Spirit selbst. *Erkenntnisse werden nicht mehr nachgeplappert, sondern selbst erlebt.* Die Sicht auf das Leben verändert sich so gravierend, dass du dich nicht mehr an deinen vorherigen Lebensstil erinnern kannst. Tauchen doch noch Erinnerungen auf, kommt es dir vor, als ob du an eine andere Person denkst. Du identifizierst dich nicht mehr damit. Es erscheint dir, als ob es sich um ein vergangenes Leben handelt. Ohne belastender Emotionen und mit einer großartigen Gedankenfreiheit wird deine Gegenwart belohnt. Im Augenblick des Geschehens nimmst du beide Seiten einer Situation wahr und verstehst. Licht und Schatten vereinen sich. Dadurch werden viele Möglichkeiten erschaffen, von denen wir bisher nur geträumt haben. Die Dualität bekommt einen neuen Ausdruck. Eine Welt entsteht, in der auf Dauer niedrigschwingende Lebewesen keinen Platz mehr finden. Jede Art von Konkurrenzkampf, von Diskriminierung und niederen Emotionen wie Neid, Hass, Eifersucht, Gier oder Stolz können nicht mehr in dieser Form existieren. Spirituelle Werte sind in jedem Gegenstand, jedem Lebewesen und selbst in der Mutter Erde verborgen.

Ein neues Weltbild kann entstehen. Gelebte Spiritualität bekommt wieder den Platz in unserem Leben, der vor unendlich langer Zeit verdrängt und vergessen wurde. Sie wird überall fühlbar sein, von der Natur bis zum Menschen, vom Wasser bis zu den Sternen. Alles schwingt im kosmischen Einklang. Durch das Begreifen, wie das Leben funktioniert, können Krankheiten und Schicksalsschläge abgemildert oder sogar verhindert werden. Jedes Lebensblatt wird neu beschrieben.

Wenn du Teil dieser Entwicklung werden möchtest, dann mache dich auf und finde die Schätze der Sternschreiber. Sie sind wie Schlüssel für dich, um all dies erleben zu können.

Sei gespannt, welche Überraschungen auf dich warten. Alles ist von nun an möglich, nichts muss mehr sein, du bist ich und ich bin du.

Ein Augenblick der Ewigkeit

„Wenn der Tag zu Ende geht, bleibt nur das Vertrauen auf das ewige Licht des Morgens."

Eira

Für jeden Menschen kommt irgendwann der Augenblick, in dem sich seine Sichtweise vollkommen verändert. Entstehen kann dieser Moment an einem ganz normalen Tag bei einer gewohnten Tätigkeit, oder aber durch einen besonderen emotionalen Vorfall. Auslöser dafür kann ein unerklärbarer freudiger Augenblick oder ein schmerzvolles Erlebnis sein, welches mit der hervorgerufenen Emotion den ganzen Körper bis in die tiefste Seelenschicht durchdringt. Und plötzlich fühlt sich alles seltsam an. Das ganze Leben erscheint völlig fremd. Das Gefühl ähnelt einer totalen Losgelassenheit, eine unbestimmte, nicht kontrollierbare Zukunft schwebt über den menschlichen Vorstellungen. Du lebst achtsam im Augenblick. In manchen Bereichen verschieben sich die Wahrnehmungen so stark, dass Musik nicht nur gefühlt und gehört, sondern auch gesehen werden kann. Farbschwingungen tauchen auf und ein Vibrieren macht sich in der Umgebung bemerkbar. Energie wird stofflich und real. Das Denken fällt schwer und die Konzentration auf eine Tätigkeit unmöglich. Auch der Körper fühlt sich plötzlich so leicht an, die Sinnesempfindung verschiebt sich irgendwie. Berührt man Gegenstände wird ein Pulsieren bemerkbar. Die Haare werden zu Antennen und die Kleidung ist fast nicht mehr fühlbar. Hitze- und Kältewellen durchströmen den Körper. Grenzen verschwinden und die Umgebung wird dadurch fast raumlos wahrgenommen. Lichtblitze tauchen auf und verschwinden wieder. Ein Gefühl von allumfassender Liebe wird zu jedem Lebewesen verspürt. Das Ego stirbt, ohne dass du den Wunsch spürst es zu retten.

Jetzt steht deine, dir vertraute Welt am Kopf.

Ein langer Schlaf endet mit einem alles durchdringenden Aufwachen. Der spirituelle Mensch ist geboren. Das spirituelle Leben kann beginnen.

Erinnere dich nun an alle deine Talente und Möglichkeiten, die du dir in den vergangenen Inkarnationen bereits mühsam erarbeitet hast. Diese Informationen stehen dir nun uneingeschränkt zur Verfügung. Nun muss nicht mehr alles erlebt werden um Vorkommnisse zu verstehen. Du entfernst dich von allen Polaritäten und eine tiefe Energiebalance sorgt für eine direkte spirituelle Anbindung. Endlich richtet sich der Fokus auf das ganzheitliche Erleben.

Bereits erfahrene Sinneseindrücke von anderen Seelen begleiten oft diesen Prozess des Erkennens. Doch ohne Furcht registrierst du diesen Zustand. Denn er gehört in diesem Moment zu dir, wie die Kleidung, die dich bedeckt. Keine Fragen tauchen mehr aus deiner Tiefe auf, es ist so wie es ist.

Pure Freude und Glückseligkeit nehmen den freien Platz deiner Aufmerksamkeit ein.

Ein Augenblick der Ewigkeit ist geschehen.

Das Portal des Geistes

Sternengalerie des Lirpa

Ich bin Ocham, der erste Sternschreiber deines Universums. Meine Existenz unterliegt alleine einer kosmisch göttlichen Ordnung. Daher darf ich nicht direkt in dein Leben eingreifen. Jedoch ist es der ausdrückliche Wunsch der Ganzheit, dir helfend beizustehen, wenn du es erlaubst. Meine Hilfe respektiert immer, zu jeder Zeit, deinen freien Willen. Schon seit Urzeiten begleite ich deine Seele durch die verschiedenen Inkarnationen und darüber hinaus. Auch über die für dich unvorstellbare Entfernung kommunizieren wir unbewusst miteinander. Denn deine Seele ist ein Sternensplitter meiner Energieform. Wenn du durch das Portal in mein Universum trittst, steht die allumfassende Liebe dir uneingeschränkt zur Verfügung. Sie begleitet dich und lässt dich erahnen, wie sich die Ganzheit von Körper, Geist und Seele anfühlt. Und darüber hinaus trägt dich eine Schwingung, so fein und wohltuend, ohne dich verändern oder bewerten zu wollen. Du wirst deine wirkliche Heimat darin erkennen. Gleich einem Stern des Lirpa erstrahlt dein

Energiekleid von innen in einem unvergleichlichen Lichtermeer, das heilend und beruhigend auf dich einwirkt. Jede Art von Schmerz, physisch oder psychisch, verflüchtigt sich in deiner Heimatmaterie des Universums und lässt dich vergessen. Das Seelenungleichgewicht wird mühelos ausbalanciert. Übrig bleibt die Verbundenheit zu den Sternen und darüber hinaus in unvorstellbare Weiten der Galaxien samt ihren Sonnensystemen.

Mein Geschenk für dich...

...ist die Erkenntnis, dass du alleine deine Wirklichkeit erschaffst. Was du heute denkst kann schon bald in deiner Realität eintreffen. Voraussetzung dafür ist, dass du es auch wirklich glaubst und fühlst. Alles hat einen geistigen Ursprung, denn du bist nichts Anderes als eine mentale Schöpfung des Universums. Auf jeder Schwingungsebene, in der du dich bewegst, bist du Schöpfer, ein Teil eines großen Ganzen.

Verhaltensänderungen passieren nicht an einem Tag. Zuerst wird ein Wunsch geboren, dann ein Vorsatz gebildet. Erst danach versucht der Mensch ihn auch ins alltägliche Leben zu integrieren. Meist mit mäßigem Erfolg, wenn ein schwankender Wille

das Dasein fristet. Ist der Wunsch samt dem Vorsatz im Denken manifestiert, gelingt mit einem Mal
die langfristige Durchführung. Nichts lenkt mehr
ab, keine Einwirkung oder Verführung lässt Zweifel
an der Durchführung aufkommen. Mal fällt es
leichter oder schwerer, der Vorsatz ist dennoch wie
in Stein gemeißelt. Der Plan geht auf und wird
durchgeführt. Ein neues Energiemuster ist integriert.

*Chante meinen Namen – OCHAM – so oft du
meine Präsenz in deinem Energiefeld haben möchtest, damit ich dich helfend unterstützen kann. Er
ist der Energiecode, um dich an die wahre Schöpfung zu erinnern.*

Rufe das OCHAM-Portal mit folgenden Worten:

*„Das Universum ist in mir und ich bin im Univer-
sum. Du bist ich und ich bin du.*

*Die Energie der Quelle ist unerschöpflich, voll
Wunder und Bewusstsein. Sie überwindet alle Beschränkungen im Innen und Außen.*

*Ich erinnere mich an meine wahre Seelenhei-
mat."*

So sei es.

Paula ist vom Leben enttäuscht. Sie vertraut sich ihrem Tagebuch an: „Schon seit vielen Tagen bin ich schlecht gelaunt. Irgendwie fällt mir alles so schwer. Meine Bemühungen um ein besseres Klima zuhause und im Büro waren vergeblich. Manchmal habe ich das Gefühl, dass ich gar nicht richtig wahrgenommen werde. Alles wird über mich hinwegentschieden. Wenn ich dann meine Meinung dazu äußere, wird mir vorgeworfen, dass ich anstrengend und negativ denkend wäre. Aber das bin ich doch überhaupt nicht. Ganz im Gegenteil, viele meiner Vorschläge würden mein und auch das Leben meiner Mitmenschen zum Besseren führen. Doch keiner hört mir wirklich zu.

Auch meine Freundinnen finden mich belehrend und nicht sehr unterhaltsam. Mein Lachen war schon lange nicht mehr hörbar, ja das stimmt. Wie soll das bloß weitergehen, kann ich das überhaupt noch selber ändern? Inzwischen entdecke ich auch selbst immer mehr an mir, was ich nicht mehr mag, oder nie mochte. Schön wäre es, wenn nicht alle um mich so schnell urteilen würden. Wie kann ich wieder glücklich und fröhlich sein? Ist eine Lebensveränderung nicht unmöglich, wenn alles schon so festgefahren ist? Wann begegne ich Menschen, bei denen ich mich wirklich wohl fühle?

So viele Wünsche sind in mir verborgen. Vorstellungen von aufmerksamen und liebevollen Mitbewohnern dieser Erde, die auf mich eingehen, meinen Alltag mit schönen Erlebnissen füllen. Ein paar lobende Worte täten mir auch gut. Sowie das Akzeptieren von mir selbst, wie ich aussehe, wie ich spreche und mich bewege. Ständig vergleiche ich mich mit anderen Frauen, die mir alle schöner, glücklicher, klüger und interessanter vorkommen. Gleichzeitig möchte ich nicht mehr alles kontrollieren und kritisieren, denn ich merke, dass mir das gar nicht gut tut.

Ich weiß, dass ich auch meinen Partner vernachlässige. Denn meine Gedanken kreisen ständig um Verbesserungsvorschläge seines Verhaltens. Damit ich nicht mehr den stillen Druck spüre, dass er mich auch anders haben möchte. Er ersehnt sich mich anschmiegsamer, mehr seinen Vorstellungen und Wünschen entsprechend. Je mehr er mir dies mitteilt, umso öfter ziehe ich mich in mein Schneckenhaus zurück und leide. Das Gefühl, immer alles falsch zu machen, begleitet mich von frühmorgens bis spät in die Nacht, bis mich dann der unruhige Schlaf übermannt. Am nächsten Tag geht alles wieder von vorne los."

* * * * * * *

Ständig kreisen Gedanken in unserem Kopf. Tausende von ihnen füllen einen einzigen Tag in unserem Leben. Wir bewegen uns in der Vergangenheit und in zukünftigen Situationen, aber selten in der Gegenwart. Dadurch verlieren wir den direkten Draht zu unserer Seelenpräsenz. Uns ist nicht bewusst, dass wir sehr machtvolle Geschöpfe sind. Denn jeder unserer Gedanken schreibt das Drehbuch unseres Lebens für zukünftige Ereignisse. Gedankenvorstellungen, Ängste, Leid und Schmerz werden immer zuerst in der gedanklichen Matrix erschaffen, um dann später ins reale Leben treten zu können. Auch Erkrankungen fallen unter diese Kategorie. Sie sind der Erinnerungsausdruck des Körpers, damit wir endlich erkennen, was falsch in unserem Leben läuft, damit wir hinsehen und hinhören.

Ebenso haben positive Geistesblitze diese unendliche Macht des Erschaffens. Freude und Erfüllung unseres Daseins können nur dann in unser Erleben treten, wenn wir dies erlauben und wünschen. Der Egoismus ist ein zweischneidiges

Schwert. Zuerst müssen wir uns an ihm bedienen, damit wir die Aufmerksamkeit auf uns selbst lenken können. Später um Veränderungen herbeizuführen, die uns anbinden an die Weisheit unserer Schöpfung, an die Annahme unseres Körpers, egal in welcher Ausführung und welchen Alters. Die äußere Gestalt wurde von uns selbst gewählt, um all die Erfahrungen machen zu können, die uns weiterbringen in der Entwicklung der Seele. Daher ist genau dieser Körper unsere Investition, die uns in diesem Leben mitgegeben wurde. Er begleitet uns von der ersten Stunde dieses Lebens bis zum Übergang in die feinstoffliche Form.

Erst wenn wir diese Ausdrucksform des Sichtbarwerdens voll und ganz annehmen, entlassen wir unser Ego und lösen somit unsere Erfahrungen von allen alten Verstrickungen. Jetzt wird die Aufmerksamkeit unseres Geistes auf die Umgebung gelenkt und wir können endlich auch die Veränderungen im engeren Radius wahrnehmen. Der Umgang wird liebevoller und frei von Erwartungen an andere Personen. Täuschungen werden immer seltener, da durch eine uneingeschränkte Annahme von verschiedenen Persönlichkeiten, dies nicht mehr notwendig ist.

Jetzt ist die Zeit gekommen, in der Eigenschaften den Stellenwert des Erschaffens verlieren. Spiegelfunktionen haben ihre Schuldigkeit getan und Seelenvereinbarungen zum Erlernen und Integrieren sind nun erfüllt worden. Begegnungen unterliegen dem göttlichen Prinzip der bedingungslosen Liebe. Das Lernen steht nicht mehr im Vordergrund, sondern das erwachte Bewusstsein des eigenen Energiekörpers. Kein Sinn wird mehr entfremdet, sondern als vertraute Materie integriert.

Dadurch verändert sich die Haltung gegenüber der eigenen Person und des Umfeldes. Wenn unsere Schattenanteile ins Licht treten, brauchen wir die Erfahrungen von all dem, was Paula in ihrem Leben erfahren hat, nicht mehr zu erleben. Es löst sich alles Belastende auf, weil es nicht mehr mit ständiger Gedankenenergie versorgt und genährt wird.

Die Gedankenknäuel entwirren sich und die direkte Anbindung an den göttlichen Teil ist wieder gegeben. In jeder Sekunde unseres Lebens ist die spürbare Unterstützung der geistigen Welt fühlbar. Ein unbeschwertes Erleben ist nun möglich. Energie, die durch endlose Gedankenspiralen gebunden war, steht nun voll und ganz zur Verfügung. Sie gewährleistet ein intensives, positives Lebensgefühl, ohne Belastungen.

Die Gedankenmatrix verändert sich, glättet die aufgewühlten Wogen der Empfindungen und lässt den Menschen aufatmen. Erfahrungen können bald in einem neuen Licht gesehen werden und die Sichtweisen unterliegen nicht mehr den Dualitätsgesetzen.

Eine uneingeschränkte Freiheit ist spürbar und unabhängig vom äußeren Geschehen. Das Energiefeld rund um den Körper passt sich an und wird immer größer und weiter. Die unmittelbare Umgebung schwingt höher und feiner. Dadurch wird auch anderen Lebewesen die Möglichkeit gegeben, sich dieser neuen Schwingungsebene anzupassen und mitzuschwingen.

In dieser Zeitepoche ist viel mehr möglich als in vergangenen Zeiten. Geistige Wesenheiten unterstützen diesen von ihnen gewollten Prozess und schaffen alle dazu passenden Ereignisse. Das Wunder der neuen Welt kann mit dir beginnen.

Das Portal des Echos

Sternengalerie des Tsugua

Ich bin Rangom, der zweite Sternschreiber deines Universums. Schon seit Beginn des Menschwerdens habt ihr euch gegenseitig Geschichten erzählt. Seelenweisheiten konnten so weitergegeben werden an nachfolgende Generationen. Im darauf folgenden Alltag wurden sie gelebt und integriert.

Genau an diese Lebensweisheiten eurer Vorfahren erinnere ich euch heute. Gleich einem Echo schallen sie immer noch durch den unendlichen Kosmos mit der Melodie des Urknalls. Generationen von Menschen vor euch hatten nicht eure Möglichkeiten und Chancen, wie ihr sie heute habt. Sie konnten weder schreiben noch durch elektronische Geräte diese Weisheiten weitergeben und abspeichern. Doch ihre wissenden Zellen haben sie an eure DNA vererbt. Jedes Erleben ist wie in einem inneren Bild abgespeichert. Bis jetzt konntet ihr nur auf einen Bruchteil dieses Sammelsuriums bewusst zurückgreifen. Die kosmische Intelligenz ist jedoch größer als jede Vorstellung, jedes menschliche Wissen. Nun wird jede

Ein- und Aussicht atemberaubend schön und wundervoll.

Deshalb erinnere ich euch jetzt daran, denn die Schwingungen eurer Welt haben die lang ersehnte Frequenzhöhe erreicht. Sie sind notwendig, dass ihr euch wieder erinnern könnt. Auch eure Lichtgestalt wandelt schon so lange durch die verschiedensten Leben. So schließt sich der Kreis durch das Echo des Lebens.

Mein Geschenk für dich...

...ist ein Ort des Friedens in dir. Das wahrhafte Seelen-Echo durchdringt jede Begrenzung und formt sich immer wieder neu im Klang und in der Ausdrucksweise. Berühre Andere mit dem Urton der Seele und lasse dich überraschen von dem Gesang der Sternschreiber. Energie wird dadurch leichter zugänglich und angereichert mit der DNA der Sternengalaxien. Nur diese Frequenzen sind von Dauer und erhaben über aller Existenz.

Lasse dich begeistern und berühre alle Sinne deiner Auraschichten, bis hinaus ins unendliche

Feld der Astralebenen. So wird alles davon durchdrungen, damit es auch für zukünftige Planeten sicher verwahrt bleibt.

Chante meinen Namen – RANGOM – so oft du meine Präsenz in deinem Energiefeld haben möchtest, damit ich dich helfend unterstützen kann. Er ist der Energiecode, um dich an die wahre Schöpfung zu erinnern.

Rufe das RANGOM-Portal mit folgenden Worten:

„*Der Kreis des Echos schließt sich.*

Ich bin eine friedvolle Seelengestalt in vielen verschiedenen Körpern und Inkarnationen und erschaffe mich immer wieder neu bis hin zu meiner Lichtgestalt.

Dem Wiederhall des universellen Sternenfelds lausche ich und halte die Verbindung zur Essenz."

So sei es.

Schon seit vielen Tagen hat der zweiundfünf-
zigjährige Martin keine Lust mehr seine Schul-
klasse zu betreten. Sein Körper reagiert schon mit
Herzklopfen, wenn er sich für den Unterricht vorbereitet. Beim sonntäglichen Besuch seiner Mutter klagt er sein Leid: "Wie habe ich mich doch ge-
freut als ich als Junglehrer meine erste Klasse bekommen habe. Doch inzwischen ist mir die Lust
am Unterrichten vergangen. Die Kinder sind auf-
sässig und laut, ständig stören sie meinen Vortrag.
Hinter meinen Rücken machen sie sich lustig über
mich und äffen mich nach. Wenn ich sie zur Rede
stelle dann antworten sie respektlos und undis-
zipliniert. Strafaufgaben werden einfach nicht gemacht. Lade ich die Eltern zu einem Gespräch ein,
vergessen sie die Termine oder schieben wichtige
Arbeiten vor, um sich mit den Problemen ihrer Kinder nicht auseinandersetzen zu müssen. Was soll
ich bloß tun?

Sogar die Kollegen fallen mir in den Rücken. Sie
sagen ich sei für die Lage selbst verantwortlich. So
eine Frechheit! Die dürfen sich nicht wundern,
wenn ich sie bei den Konferenzen ignoriere und
nicht mehr bei Erkrankungen vertrete. Das haben

sie auch bei mir gemacht und dafür müssen sie selbst schauen wie sie klarkommen. Ich fühle mich deprimiert und lustlos. Früher hatte ich so viel Freude mein Wissen weiterzugeben. Was hatte ich für Pläne um die Schüler bei Laune zu halten. Mit kleinen Spielen zwischendurch wollte ich sie motivieren aktiv mitzuarbeiten. Sogar gemeinsame sportliche Spielfeste mit Lerninhalten habe ich mir erträumt. Keiner hat mich darauf hingewiesen, dass ich weder die Zeit, noch die finanziellen Mittel dazu bekommen würde. Und irgendwie ist alles in einem Einheitsbrei versumpft. Jeder von meinen Kollegen und Kolleginnen sitzt seine Schulstunden ab und stürmt nach dem Unterrichtsende aus dem Schulgebäude.

Vor einigen Jahren haben wir noch ein wenig geplaudert und Lerninhalte verglichen, Problemfälle gemeinsam besprochen und uns gegenseitig aufgemuntert, wenn es notwendig war. Schulerfolge wurden gefeiert und es gab Gespräche, wie wir besonders kluge Kinder fördern können.

Das Konkurrenzdenken hat mit jedem Schuljahr zugenommen und uns alle unter Druck gesetzt. Ständige Beschneidungen unserer Kompetenz hat uns auch die Schulbehörde aufgebrummt.

Fast alle zwei Jahre bekamen wir andere Direktoren vorgesetzt, die immer wieder neue Auflagen an uns weitergereicht haben. Wie schön es doch früher war …"

Dem Selbst begegne nie wie einem Feind, sondern wie einen Freund. Nur dann kannst du über Unzulänglichkeiten oder noch nicht ausgereiften Charakterzügen darüberstehen. Das Selbstbild annehmen, wie es gerade jetzt ist, ohne nach Schuldigen zu suchen.

Teile dein Wissen mit Großzügigkeit. Kinder, Jugendliche, aber auch Erwachsene profitieren davon und werden in Folge danach auch versuchen dir etwas zurückgeben zu können. Eine Unterstützungsbasis ist geboren von der alle Lebewesen, die sich rund um dich bewegen, schlussendlich profitieren. Keiner von ihnen fühlt sich dann beschämt und hat die Chance Fehler wieder gutzumachen.

Wer sich bewusst mit Problemen auseinandersetzt und sie auch versucht alleine, oder mit Hilfe zu lösen, arbeitet an seiner Selbstentwicklung. Eine negative Stimmung wird schnell verbreitet, wenn das persönliche Ego hervortritt. Alles was geschieht hat eine Auswirkung auf das Umfeld und oft noch darüber hinaus. Werde dir immer wieder deiner gegenwärtigen Verfassung bewusst, damit eine Änderung zum Positiven angestrebt werden kann. Auch die guten Dinge, Worte und Gesten, regen die beteiligten Personen an, sie zu übernehmen.

Pflichten, wie alltägliche Arbeiten, von Kochen, Putzen und Waschen bis hin zum Unterrichten, verrichte mit Freude und Achtsamkeit. Du bist ein besonderer Mensch, auch bei ganz simplen Verrichtungen deiner Aufgaben. Menschliche Unzulänglichkeiten beschneiden lediglich das Bewusstsein. Erst wenn sie ausgemerzt sind steht dir wieder die volle Bewusstseinsenergie zur Verfügung. Diese brauchst du dann niemals mehr wie Kleider abzulegen. Lasse dich nicht mehr manipulieren durch die Stimmungslagen und Emotionen anderer Personen, damit du ein selbstbestimmtes Leben führen kannst.

Beende auch dein Durcheinander in deinen Lebens- und Arbeitsräumen. Sortiere aus, was du nicht mehr benötigst. Verschenke Dinge, die du nicht mehr wirklich brauchst. Was du in den letzten zwei Jahren nicht mehr in deinem Alltag verwendet hast, muss den Platz räumen.

So gewinnst du Klarheit und deine emotionale Lage wird auch in dir bereinigt. Platz wird geschaffen, um Neues in dein Leben lassen zu können. Du schließt Frieden auf allen Ebenen deines Daseins.

Nimm deine Existenz endlich an um bewusste Sinnesänderungen einleiten zu können. Geschieht dies nicht gleich nach dem Erkennen, dann zerrinnt jeder Versuch in den Anfängen neuer Verhaltensmuster. Gib Energie in den Nachdruck wichtiger Entscheidungen hinein, um ein akzeptables Ergebnis zu bekommen.

Dehne deine Zeitfenster aus, indem du dich mit Konzentration auf das aktuelle Vorhaben besinnst. Stehe dir selbst immer bei, ohne dich für deine Fehler zu schämen oder dich zu verurteilen. Sorgen um die eigene Person führen zu einem verdichteten Energienetz, in das du dann verstrickt bist. Freude übers Dasein, mit einem Schuss Humor gewürzt, befreit dich wieder aus selbst auferlegter Gefangenschaft. Genieße deine Gedanken und du fühlst dich frei und unbeschwert.

Höre auf damit, anderen gefallen zu wollen. Nur der entwickelt sich, der vorrangig sein Selbst beobachtet und nicht das Umfeld. Ansonsten unterwirfst du dich den Traditionen und Kulturformen, die du sowieso nie ganz verstehen wirst. Sie waren deinen Vorgängern und Ahnen vorbehalten, doch nur Veränderungen können den gegenwärtigen Anforderungen gerecht werden.

Befreie dich daher von Energiefäden, die dich festhalten, durch Wertschätzung für deine eigene Person. Eine Klarheit wird daraufhin in deinem Besitz sein, auf die du aufbauen kannst, um mit deinem Leben besser zurecht zu kommen. Damit beherrscht du den Lebenszirkel perfekt. Deine persönliche Verfassung steht in direkter Verbindung mit deiner sozialen Umwelt.

Du bist ein Teil der göttlichen Schöpfung und trägst das Licht in dir. Vertraue deiner inneren Stimme, damit du den Weg der Erkenntnis tagtäglich gehen kannst

Das Portal der Veränderung

Sternengalerie des Rebotko

Ich bin Lamal, der dritte Sternschreiber deines Universums. Der Kosmos unterliegt einer ständigen Veränderung damit Neues entstehen kann. Sonnen werden geboren und verglühen in der Unendlichkeit, um die Materie für neue Sternengebilde zu schaffen. Masse wird verdichtet und zerstreut sich nach machtvollen Explosionen um die Grundlage für das neue Nichts zu erschaffen. Alles zieht sich zusammen um sich erneut auszudehnen und überzugreifen in die benachbarten Universen. Schwarze Löcher formen die Ewigkeit des Seins. Molekülwolken schweben in galaktischen Ebenen. Zeitfenster tauchen auf, um im selben Augenblick wieder zu verschwinden. Mächtige Kräfte erschufen ein verdichtetes Sternengebilde, wie ihr es heute als euer Universum betrachtet und kennt. Universelle Feuer gaben dem Weltall das ewige Licht. Kleinste Quantenteilchen wurden so zu einem triumphalen Imperium der Sternengalaxien. Urkräfte schwellen überall dort, wo Neues entsteht aus alten Formen.

...ist die Urkraft, welche dir für jede Veränderung in deinem Leben zur Verfügung steht. Sie ist der Wandel in dir, eine Einheit von Seele, Geist und Körper. Alles was existiert ist ein Teil davon und doch gleichzeitig das Ganze. Ohne sich dabei zu vermindern oder zu vermehren, einfach unwandelbar. Dieses „Eine" wird helfen die beiden Pole als ergänzende Aspekte annehmen zu können. So entsteht die nötige Transformation, um der Nährboden für zukünftige Ereignisse zu werden. Das Wissen wird integriert und es bildet sich eine Basis für die folgende Wandlung aller Existenzen, um diese Veränderung einzuleiten. Sichtfelder werden dadurch erweitert und die Wahrnehmung in das Energiegitternetz eingespeist, damit alle Lebewesen deiner Erde daran teilhaben können.

Zwischen der ständigen Wandlung der Dinge und den Geschehnissen liegen unendlich viele Möglichkeiten für einen Neubeginn. Alte Muster verändern ihr Gesicht und daraus kann etwas viel Wertvolleres entstehen. Gerade jetzt, wo eine völlig neue Zeit auf die Menschheit zukommt, dient die Vermischung von Alt und Neu dazu, die perfekte Hilfe zur Selbstfindung zu sein. Dadurch entstehen auch völlig neue Strukturen, die das schaffen, was sich Generationen vor dir sehnlichst gewünscht haben. Altes Wissen fügt sich in die DNA des reinkarnierten Menschen ein und ein neues Welt- und Wissensbild kann entstehen.

Chante meinen Namen – LAMAL – so oft du meine Präsenz in deinem Energiefeld haben möchtest, damit ich dich helfend unterstützen kann. Er ist der Energiecode, um dich an die wahre Schöpfung zu erinnern.

Rufe das LAMAL-Portal mit folgenden Worten:

„Jede Veränderung lässt mich weiter wachsen.

Ich bin pure Schwingung, ohne zu polarisieren. Das Eine bin ich und ich bin Teil und Ganzheit zugleich.

Ich verwandle meine Form und meinen Ausdruck und bleibe doch unwandelbar. Die Urkraft steht mir immer zur Verfügung, denn Energie hört nie auf zu sein."

So sei es.

Emilia hatte es nicht leicht in ihrem Leben. Gleich nach ihrer Geburt trennten sich die Eltern und sie wurde von ihren Großeltern großgezogen. Nach deren Tod kam sie vorrübergehend zu ihrer Mutter, bis diese durch einen schweren Unfall ebenfalls aus ihrem Leben trat. Dieser erneute Schicksalsschlag stürzte sie in eine tiefe Depression, gepaart mit Verlustängsten. Ein schlechtes Gewissen, zu wenig Zeit mit ihrer Mutter verbracht zu haben, begleitete sie von nun an. Ihre Sätze begannen meistens gleich: „Wäre ich doch mehr auf ihre Wünsche eingegangen. Schon seit vielen Jahren wollte sie mich wieder bei ihr haben. Doch ich habe mich sehr geliebt bei meinen Großeltern gefühlt, sodass ich ihre Bitte abgelehnt habe. Jetzt ist es zu spät dafür. Eigentlich kenne ich meine Mutter gar nicht richtig und eine zweite Gelegenheit, dies nachzuholen, gibt es nicht."

Beim Auflösen des Haushaltes fand sie viele Hinweise darauf, dass ihre Mutter sich sehr einsam gefühlt hatte. Auch für sich selbst war sie nicht in der Lage dies zu ändern, denn auch sie hatte Angst vor Veränderungen. „Ich bin ihr sehr ähnlich", dachte sich Emilia, „lieber leide ich weiter, bevor ich mich dem Neuem aussetze. Jeder Wandel birgt so viel Probleme und Unsicherheiten. Da bleibe ich lieber alleine. Wenn sich rund um mich alles so schnell verändert, brauche ich meine ganze Kraft und Aufmerksamkeit dafür, damit zurechtzukommen. Ich verstehe Menschen gar nicht die so etwas mögen. Unfassbar, in welche Konflikte und Gefahrensituationen sie sich freiwillig begeben, und auch noch Freude damit haben. Lieber mache ich immer das Gleiche und bin damit zufrieden." Manchmal kamen aber Gedanken in ihr hoch, das Leben, so wie sie es führte, in Frage zu stellen. „Irgendwie muss es doch schön sein neue Begegnungen und Erlebnisse zu haben", sinniert sie vor sich hin. „Vielleicht kann man lernen mit Veränderungen umzugehen. Ich könnte mir auch vorstellen, dass durch eine Herausforderung mein Leben wieder interessanter werden könnte. Und vielleicht tut es auch meinem Selbstbewusstsein gut, wenn ich wieder mit der Welt in Kontakt trete. Schon seit einiger Zeit beschäftige ich mich mit dem Sinn des Lebens. Wie schön könnte ich es haben, wenn ich durch mehr Offenheit Antworten bekäme und weniger Angst vor der Zukunft hätte."

Vielleicht spürst du manchmal eine innere Unruhe, einen Drang zur Veränderung deines Lebens. Gehe dem Gefühl nach, doch verliere dich nicht darin. Ansonsten spürst du nur deine Unzulänglichkeit und den Drang zum Kämpfen. Beides bringt dich nicht weiter. Etwas Transzendiertes kann nur dort stattfinden, wo weltliche Belangen hinten angestellt werden. Bei jedem Menschen gelten andere Muster und Regeln. Verwende daher deine Intuition um die Welt der Imagination und Veränderung zu erforschen und anzuwenden. Dann zeigt sich dir die Welt mit neuer Gestalt. Der Spiegel der Selbstbetrachtung öffnet dein persönliches neues Universum. Kein Nebel verschleiert mehr das, was wirklich ist. Nach Veränderungen können Grenzen zur Realität gesprengt werden und eine neue Lebensära wird eingeleitet.

Am Wertvollsten erscheinen dir die Erfahrungen mit dem Wandel, die du durchstehst. Sie sind gleichzeitig die Helfer, die dich navigieren und bestätigen. Setze damit die geballte Energie aus deinem Inneren frei. Was du dafür erhältst, ist die absolute Freiheit von Körper, Geist und Seele. Somit wird alles, was anders wird, sofort integriert und wieder vertraut.

Die Natur unterliegt einer ständigen Bewegung, Stillstand wäre der Tod. Jede Veränderung beinhaltet einen Lernprozess, mal mehr und mal weniger. Nimm Abschied von alten Verhaltensmustern, damit neue Energien Platz haben und eine verbesserte Sichtweise dein Leben zum Positiven verändern kann. Wechsle deine Stimmungsmuster, schwinge höher und leichter. Dein froher Gemütszustand wird es dir danken. Neues kann zerstören und erschaffen. Sei dir deshalb immer bewusst, welchen Weg du einschlagen möchtest. Die Lebenskraft kann dann dort fokussierter eingesetzt werden, wo du sie gerade brauchst, anstatt in alten Lasten stillzustehen und zu vermodern.

Tausche dein altes Leben gegen ein Neues aus, ohne den Prozess des Sterbens durchzumachen. Dadurch wird dir ein langes, zufriedenes und erfahrungsreiches Leben ermöglicht, angereichert mit Gesundheit, Glück und Anerkennung.

Alles, was du im vollständigen Einklang mit dir erschaffst, wird mit Erfolg gekrönt sein. Pure Absicht und ein Hang zur Neugier ist immer gekoppelt mit ungeheurer Kraft. Sie schafft erfinderisch spielend jede Hürde in deinem Leben. Deine wahre Berufung in diesem Leben wird dir dann offenbart.

Enormes Potenzial schwingt im Prozess der Veränderung, denn soziale Gewohnheiten wollen neu überdacht werden, um die größtmöglichen Wachstumsschübe auslösen zu können.

Verlasse augenblicklich die Anheftungen deines Daseins mit ihren verstaubten Ansichten, ansonsten ziehst du immer wieder den vertrauten Schrecken allem Neuen vor. Nur wer handelt, wächst in den höheren Stufen der Entwicklung über sich hinaus.

Der nächste Schritt wird sein, deine Gedanken zu kultivieren. Ordne sie, damit kein Gedankenchaos mehr Schaden anrichten kann. Erst wenn Lücken mit Leere gefüllt im Denken blitzartig auftauchen, bist du mit der universellen Freiheit der Umstellung verbunden. Jetzt können sich neue Wunder und unbegrenzte Möglichkeiten auftun und zu deinem Alltag werden.

Steigere dein Bewusstsein und schule deine Wahrnehmung auf die Dinge, die unvergänglich bleiben. Achte auf die Gesetze der Natur. Sie sind deine wahren Lehrer, denn sie lassen sich nicht von Gefühlen und Emotionen leiten. Ihr Werdegang unterliegt einzig den universellen Gesetzen und ihrem inneren Wissen. Wie könntest du dir sonst erklären woher ein Apfelbaum sein Wissen hat. Wann er blühen muss um Monate später Äpfel hervorzubringen. Kein Apfel an diesem Baum verliert seine Zeit darüber nachzudenken, ob er schön genug ist oder sich sogar zu vergleichen mit den anderen Früchten am Baum. Er existiert einfach mit der Veränderung und ist voller Weisheit über sein Dasein. Diese Obstsorte ist voll mit dem zugewiesenen Platz zufrieden und möchte sicherlich nicht daran zweifeln, ob er nicht höher oder niedriger am Baum hängen soll. Näher bei der Sonne oder lieber im Schatten. Oder sogar erst im nächsten Jahr auf einem anderen Baum als Birne wachsen möchte.

Wünsche sind wie Felsen in der Entwicklung. Mal stehen sie im Weg oder versperren die Aussicht auf das wahre Ziel. Besinne dich wieder mehr auf deine Essenz der aufrichtigen Zufriedenheit und Liebe. Dann ist dir klar wie deine nächsten Schritte aussehen sollen und wohin sie dich führen.

Das Portal des Spiegels

Ich bin Durecoro, der vierte Sternschreiber deines Universums. Das Akasha-Feld steht in direkter Verbindung mit dem göttlichen Funken, der in jedem Individuum eures Planeten integriert ist und sein Leben lang schwingt unter der göttlichen Führung. Polare Kräfte durchdringen jedes erdenkliche Material dieser Galerie der Unendlichkeit. Euer Bewusstseinszustand ist seit ewiger Zeitform auch ein Mentalwächter des Quantenfeldes. Die Sternenstaubwinde mit ihren Molekülwolken fegen immerzu von einem Quantenpunkt zum anderen. Daher ist das Sein gleichzeitig auch das Nichtsein in eurer Galaxie. Raum und Zeit wie ihr sie kennt, existieren nicht. Unsere Bemessungen bewegen sich in der Nähe der Sonnenwinde. Mit Lichtgeschwindigkeit umkreisen sie Kometen und senden kosmische Strahlen. Unvorstellbare Zugkräfte wirken auf alle Planeten und doch schweben sie frei von Verbindungen. Ähnlich eurer Erdachse drehen sich hunderttausende von Universen innerhalb und außerhalb eures Erdmittel-

punktes. Jedes der Universen ist ein Teil eines ande-
ren Universums, welches wiederum gespiegelt wird.
Unvorstellbar für den menschlichen Verstand, doch
von unendlichem, ewigen Wissen durchdacht.

Mein Geschenk für dich ...

...ist die Erkenntnis der Spiegelung für alles, was deinen Verstand ausmacht. Jede Eigenschaft und jedes Gefühl von dir hat eine gespiegelte Seite. Alles scheint in deiner Welt zweipolig zu sein. Sogar physikalische Gesetze unterliegen diesem Naturgesetz. Und doch läuft alles darauf hinaus, wieder eins zu werden oder zu sein. Ich verrate dir ein Geheimnis: Erst wenn du dir immer beide Seiten ansiehst, kannst du die Einheit in ihnen erkennen. So ähnlich erklärt sich auch das menschliche Schicksal. Du lebst nach diesen Programmen und doch unterliegst du den karmischen Gegebenheiten deiner Inkarnationen. Wenn du dich aus diesen Verstrickungen befreit hast, dann erlebst und wirkst du in der universellen Urkraft, dem Einklang der Welten. Erkennst du auf einem Gebiet diese Gesetzesmäßigkeit, kannst du sie auch auf anderen Lebensbereichen erfolgreich anwenden. Durchschaue dieses System und alles wird für dich durchschaubar und klar. Vergleiche deine Erfahrungen und mit der Häufigkeit durchleuchtest du die dunkelsten Ecken deines Bewusstseins und füllst sie mit dem Licht des Erkennens. Dieses heilige Wissen bleibt dir dann für alle Ewigkeiten und du hebst damit die Chronologie des Dharmas auf.

Chante meinen Namen – DURECORO – so oft du meine Präsenz in deinem Energiefeld haben möchtest, damit ich dich helfend unterstützen kann. Er ist der Energiecode, um dich an die wahre Schöpfung zu erinnern.

Rufe das DURECORO-Portal mit folgenden Worten:

„Ich akzeptiere die Dualität meines Verstandes, doch ich höre mehr auf die Stimme meines Herzens.

In dem Spiegel meiner Mitmenschen erkenne ich meine unbewussten Schatten- und Sonnenseiten und ergänze dadurch meine Aspekte der Einheit. Alle Elemente werden transformiert und begleiten mich im Leben."

So sei es.

Schon seit langer Zeit führt Stefan ein anstrengendes Doppelleben. In seinem Umfeld ist er ein praktizierender Christ und hilft, wenn es nötig ist, seiner Kirchengemeinde bei gemeinnützigen Tätigkeiten. Unter seinen Freunden ist er als angenehmer Zeitgenosse ein gerngesehener Gast. Auch seine Familie kann sich nicht beschweren. Wenn sie ihn brauchen, hilft er wo er kann. Bis auf die Zeiten, in denen Stefan beruflich unterwegs ist. Da kann es schon mal vorkommen, dass er einige Tage abwesend ist und wegen der vielen Geschäftstermine keine Zeit zum Telefonieren hat. Was Familie und Freunde aber nicht wissen, ist die Tatsache, dass Stefan süchtig ist.

Der Anfang der Sexsucht versteckte sich hinter seinem erhöhten Selbstideal, dem er nicht auf Dauer entsprechen konnte. Nicht zu genügen erzeugte in Stefan ein tiefes Schamgefühl, dem er nur entkommen konnte, wenn er eine fremde Frau eroberte. Nach dem Sexualakt überfiel ihn eine noch tiefere Schuld, die wieder nur mit einem Erfolgserlebnis getilgt werden konnte. So verstrickte sich Stefan immer mehr in einem Sumpf von Emotionen, denen er nicht mehr Herr wurde. Waren es am Beginn Zufallsbekanntschaften mit einem One-Night-Stand in fremden Städten, arteten sie schließlich in Bordellbesuchen aus. Hier ging es viel schneller zur Sache und er musste keine Angst haben, ihnen wieder zu begegnen. Oft fiel er nach einem solchen Abend in ein tiefes Gefühlschaos, das nur mit noch mehr Pornos und zwanghafter Selbstbefriedigung samt zu viel Alkohol endete. Der Suchtkreis wurde immer enger, denn Befriedigung fand er gar nicht mehr. Wie ein Damoklesschwert schwebten die Sexphantasien in seinem Denken und Fühlen. Zuerst hellten sie seine Stimmungen auf, um dann in einen tiefen Seelenkonflikt zu enden. Er konnte nicht mehr abschalten und seine Konzentration bei den Geschäftsterminen lies sehr zu wünschen übrig.

Wenn er nach Hause kam, plagte ihn sein schlechtes Gewissen und gleichzeitig überfiel ihn eine innere Unruhe. Schlafprobleme und das Gefühl des ständigen Achtgebens, um sich nicht zu verraten, kosteten ihn seine ganze Energie. Es kam wie es kommen musste. Nach fast drei Jahren Doppelleben trennte er sich von seiner Frau und fiel in eine tiefe Depression.

Erst in vielen Sitzungen bei seinem Therapeuten kam alles ans Licht. Doch leider konnte er nichts mehr ungeschehen machen.

„Dieses unkontrollierte Verlangen nach Befriedigung hat mein Leben zerstört", klagt er seinem Therapeuten. „Eine wirkliche Befreiung habe ich trotzdem nicht erfahren. Kaum war der Akt vorbei, begann das nicht mehr zu stoppende Kopfkino sofort wieder loszulaufen, obwohl mein Körper gar nicht mehr dazu bereit war. War ich nach meinen Reisen wieder zuhause, sah ich mir wenn meine Frau schlief Pornos an. Anfangs Softpornos, aber später dann auch härtere Sachen. So etwas würde ich aber nie ausleben wollen. Doch beschäftigt haben sie mich auch tagsüber. Bitte helfen sie mir, so kann ich nicht mehr weitermachen. Ich bin am Ende. Bin ich wirklich so abnormal?" schluchzte er in sein Taschentuch.

In dieser Welt ist selten etwas ausgeglichen, denn es existieren immer zwei Seiten. Gut und Böse, Liebe und Hass, Hell und Dunkel, alles sind Zustände des Seins, die ständigen Schwankungen unterliegen. Normalerweise pendeln sie sich, durch die Chance einer Erfahrung die der Mensch daraufhin macht, von selbst wieder aus. Jeder kann wählen auf welche Seite er mehr Aufmerksamkeit legen wird. Manchmal schwappt aber die Welle über und es braucht viel Zeit um eine Linie wieder herzustellen. Die göttliche Führung kann dich dabei unterstützen, wenn du es zulässt. Gegensätze können immer wieder in Übereinstimmung gebracht werden.

Schon in deiner Kindheit hast du gelernt, dass es nicht nur die Hitze und die Kälte gibt. Beides sind Extreme, die durch die Polarität hervorgerufen werden. Oft ist es nur ein Fehlen von einer Seite, die alles durcheinanderbringt. Im Prinzip geht es ja um die gleiche Sache, in diesem Fall um Temperatur.

Erstrecke deine Energiefelder auf beiden Seiten der Ansichten und Spiegelungen, indem du sie auf deine Ziele richtest. So unterstützen sie das Erreichen und nebenbei garantieren sie einen zufriedenstellenden Ausgleich. Fokussiere dich dabei auf dein inneres Wissen um gespiegelte Wahrnehmungen, sicher und leicht alles empfangen zu können, was dafür dienlich ist.

Fühle dich in alles was dich berührt, real oder visuell, hinein und frage, ob deine Empfindungen und Gefühle dich jetzt gerade unterstützen wollen. Dann geht alles viel leichter von der Hand, Entscheidungen können zum eigenen Wohl der Seele getroffen werden. Auch Lösungen von Problemen begegnest du so. Fragen dazu erweitern die Energiefelder rund um dich und ermöglichen einen breiteren Zugang zu den Antworten. Gedanken hingegen treten auf derselben Stelle. Sie werden zu Spiralen und umwickeln jeglichen Lösungsansatz wie eine Barriere.

Rituale zur Wunscherfüllung hingegen sind nie in der Lage auf deine Bestimmung einzugehen. Sie gaukeln dir vor zu wissen, was du brauchst. Doch sie entsprechen nur dem kollektiven Verhalten der Menge, und das ist selten der richtige Weg. Deine Seelenbedürfnisse können nur aus dem Inneren kommen, denn sie sind schon die Erfüllung, die du damit anstrebst.

Beobachte dich selbst und du erfährst auf welche Seite des Spiegels du dich wohler fühlst. Erkenne aber die Gegenspiegelung an, damit du die Erfahrung damit nicht mehr machen musst. Nur ein integrierter Schatten hat keine Macht mehr über dich.

Das Portal des Pendels

Sternengalerie des Rennär

Ich bin Schomaras, der fünfte Sternschreiber deines Universums. Schon seit Ewigkeiten kreisen unzählige Sonnensysteme in den Universen. In vielen Fällen umläuft eine Sonne mehrere Sonnensternsysteme. Euch ist es nicht immer bewusst, dass auch ihr Menschen – ähnlich unseren Milchstraßen – um Werte und festgefahrene Dinge kreist mit euren verschiedenen Ansichten. Von jeder Seite sieht es daher etwas anders aus und ihr fühlt euch im Recht und gestärkt in eurer Meinung. Doch wir Sterngeborenen wissen, dass wir nur ein Teil eines unvorstellbaren Ganzen sind. Ihr dürft noch an eurem Verstand arbeiten, denn Zweifel schleichen sich sehr schnell in die Gedanken der Erdbenutzer. Dunkelwolken aus Gesteinsstaub, wie im universellen Weltraum, umschatten euch und das Licht dringt nicht mehr durch. Sternenblitze tauchen zwar immer wieder auf, doch sie können von euch nicht festgehalten werden. Die Informationen dazu fließen wieder in die umformbare Energiematerie zurück, bevor ihr sie verwerten konntet. Eine Integration der Informatik ist noch

Lichtjahre entfernt. Nur der Wunsch alleine, kann nicht von den Galaxien zu euch transformiert werden. Doch manchen unter euch gelingt es wenige Augenblicke lang das schwingende Astropendel anzuhalten und Einblicke zu bekommen, was das Bewusstseinsfeld für euch bereithält. Doch ihren Erzählungen schenkt ihr keinen Glauben, daher schwingt das Pendel weiter in die globalen Räume der Vorstellung und die existierenden Felder des Universums.

Mein Geschenk für dich ...

...beinhaltet das Wissen, dass sich in deiner Welt samt dem dir bekannten Universum der Schwung des Pendels in allem äußert, was dir bekannt ist. Richtet sich das Pendel nach rechts aus, ist es gleichzeitig das richtige Maß für die linke Seite. Denn eine kann ohne die andere nicht sein, nicht wirken. Ein gewisser Rhythmus pendelt sich ein, um ein erträgliches Maß für dein Leben zu beinhalten. Dadurch ist ein Leben wie deines möglich geworden. Du erlebst es in Zeiten, in denen es dir gut geht, aber auch beim Gegenteil, in den Tagen wo sich deine Seele verdunkelt und du dich wieder nach dem Licht sehnst. Die Polarität existiert so lange in dir, bis du erkennst, dass alles bereits eins ist. Die Materie, die Energie, der Geist aber auch deine Sonne und dein Mond, sowie die Sterne und deine Vorstellungskraft des Geistes. Eben jeder Aspekt des Universums und der Lichtwelten. Ihr entspringt die alleinige Wahrheit des göttlichen Funkens. In der Übereinstimmung von deinem Körper, deinem Geist und deiner Seele liegt die Kraft und Ausrichtung des Pendels. Jeder Fortschritt und auch Rückschritt zeigt lediglich deine Pendelbewegung an, nicht deine Entwicklung. Deine Emotion dazu ist der Zeiger für dein Verstehen. An ihr kannst du deinen aktuellen Entwicklungsstand ablesen und dich an ihm orientieren. Lerne in deinem Menschendasein das Begreifen und du wirst in die Unendlichkeit des Sternenfeldes wieder eintauchen und ewig sein, was du schon immer warst. Ein bewusstes Sternenpartikel im großen Feld des Schomaras, wo du schon seit unendlich langen Zeiträumen existierst und deine Erfahrungen in verschiedensten Planetensystemen erfährst. Die Ewigkeit ist schon immer in dir und wird es immer bleiben. Lediglich die Erfahrungen dazu werden nun integriert und bewusst erlebt.

Chante meinen Namen – SCHOMARAS – so oft du meine Präsenz in deinem Energiefeld haben möchtest, damit ich dich helfend unterstützen kann. Er ist der Energiecode, um dich an die wahre Schöpfung zu erinnern.

Rufe das SCHOMARAS-Portal mit folgenden Worten:

„Ich befreie mich von alten Denkweisen. Auch wenn mein Verständnis für die Pendelaktivität noch am Anfang steht, versuche ich neue Sichtweisen zuzulassen. Durch das bewusste Hineingleiten in verschiedene Emotionen, habe ich genügend Raum, um mich selbst zu beobachten, was die Gefühle mir mitteilen möchten.

Vergangenes und Zukünftiges verlieren für mich an Aufmerksamkeit. Meinen Fokus richte ich auf die Gegenwart. Damit vereine ich die Polarität in meinem Leben und lerne endlich zu verstehen.

So sei es.

Jeder Mensch, alle Tiere, jede Lebensform der Pflanzen, Steine und sogar Formen wie Feuer und Wasser folgen einem Lebensrhythmus. Diese verschiedenen Formen müssen in einen gleichmäßigen Kontext gebracht werden, um gesund und gut erhalten zu bleiben. Meistens folgen auf schlechte Zeiten die guten und umgekehrt. Dies hat jeder von uns schon einmal erfahren, wie auch unser Darsteller in der nächsten Geschichte.

Richard betreibt einen kleinen Laden, indem er seine kleinen und großen Kunstwerke verkauft, die er in mühevoller langer Handarbeit gefertigt hat. Seit einigen Jahren wird sein Bemühen vom Erfolg gekrönt. Durch die Öffnung einer Galerie in seiner unmittelbaren Nähe profitiert auch er an steigenden Verkaufszahlen, da die Besucher direkt an seinem kleinen Schaufenster vorbeigehen. Mehr Kunden bedeutet aber auch, sich mehr seinem Handwerk zu widmen. Daher hat er seine zweite Einnahmequelle – den kleinbäuerlichen Betrieb - seit drei Jahren sehr vernachlässigt und schließlich stillgelegt, um Zeit für die Herstellung der Waren zu bekommen. Auch die Qualität seiner

Schnitzereien musste einem schnelleren Herstellungsablaufes weichen. Inzwischen macht er einfache Schlüsselanhänger und kleinere Werkstücke, um mehr und schneller verkaufen zu können. Bestellungen für große Figuren und besondere Möbel nimmt er inzwischen gar nicht mehr an, da die monatelange Zeit für ein Stück einfach nicht mehr da ist. Dann kam die Corona-Zeit.

Darüber berichtet er folgendes: „Von einem Tag auf dem anderen kam alles zum Stillstand. Der Menschenstrom an Besuchern und Touristen aus aller Welt brach so urplötzlich ab, dass die Stille kaum zu ertragen war. Anfangs dachte ich, dass es nur ein oder zwei Wochen dauern würde, aber nach acht Wochen war klar, dass nichts mehr so sein würde wie es einmal war. Obwohl ich plötzlich so viel Zeit hatte, bekam ich keine Bestellungen mehr, hatte ich doch in den letzten Monaten von mir aus alles abgelehnt, was viel Zeit erfordert hätte. Als mein Lager voll war mit den Souvenirs und kein Geld mehr für meinen Alltag zur Verfügung stand, musste ich mein Scheitern eingestehen. Ich beantragte Unterstützung, um so halbwegs über die Runden zu kommen. Neben der Angst über die eigene Gesundheit, sowie die meiner Familie, bedrohte nun auch der Geldmangel meine Existenz. Die Nerven lagen blank und die Zukunft war plötzlich nicht mehr vorstellbar."

* ✶✱✶✱✶ *

Ohne Druck und mit eigenen Ideologien wird die Realität akzeptiert und bestätigt. Dadurch wird der persönliche Ausdruck neu gefördert und geschult. Du selbst bist der Mittelpunkt deiner Betrachtungen.

Entscheidungen und Handlungen fließen im Gleichklang, damit du die volle Verantwortung für dein Tun übernehmen kannst. Dies ist ungemein wichtig auf dem Weg zum Glücklichsein. Der göttliche Plan wird in jedem Menschen erfüllt, bei dem einen früher und beim anderen später. Falls die Harmonie der Natürlichkeit unterbrochen oder gestört wird, muss ein Ausgleich erfolgen. Nur wer die Zusammenhänge versteht, kann durch die richtige Geisteshaltung diesen herbeiführen. Lasse dich von deiner inneren Seelenstimme führen, um nicht an mangelndem Glauben und an gefühlten Beschränkungen zu verzweifeln. In jedem Augenblick deines Daseins beinhaltet der göttliche Plan dein Glück und die Erfüllung, das Leben zu genießen.

Intuitiv kannst du problemlos dein Wissen der Seele abrufen, wenn du dir einen imaginären Schutzraum erstellst. Dort, unter Ausschluss der Öffentlichkeit, gelingt alles spielerisch, da keine Fremdenergien vom kollektiven Feld mitschwingen. Suche diesen Kraftplatz auf, sooft es dir möglich ist. Zweifel und Vergesslichkeit können nur dort wachsen, wo verglichen wird, denn damit wird die eigene Energie auf ähnliche Situationen rund um dich fokussiert und genährt. Ein stilles Wissen gedeiht in einem Bereich außerhalb von Denken und Sprache, fern von der rationalen Seite des Verstandes.

Mit einem angehobenen Bewusstsein kannst du diese besondere Zeit anders nutzen. Brauchst du mehr Zeit für eine Sache, dehnt sie sich. Ist dir etwas unangenehm, so zieht sich die Zeit scheinbar zusammen und verkürzt diese negative Phase. Sie verdichtet sich. Schalte dabei deinen Verstand aus und lasse dein Bauchgefühl regieren. Dein Unterbewusstsein kennt bereits dieses Phänomen. Es erinnert sich wieder daran, sobald dein Geist den Auftrag dazu gibt. Von einer inneren Kraft getrieben, stellt dir dann dein Körper die fehlende Energie zur Verfügung. Ab nun werden dir Zeitfenster auffallen, die du vorher noch nie wahrgenommen hast.

Mit Mut und Verstand erschließen sich für dich weitere Wissensfenster, wenn du es zulässt. Diese Energiefelder wurden dir mit deinem Geburtsrecht zugesprochen und mitgegeben. Nach und nach können sich wundervolle Erfahrungen manifestieren. Die Verbindung zur Matrix schließen auch die universellen Felder mit ein. Der Code zur Öffnung der kosmischen Bibliothek, auch Akasha-Chronik genannt, ist geknackt. Einschließlich der ewigen Zugangsberechtigung für deine Seele.

Wer ein gesundes Selbstvertrauen aufgebaut hat, wird in einem solchen Fall wie diesen eine große Chance sehen sich wieder auf die Dinge zu fokussieren, die der Menschheit einen wirklichen Gewinn bringt. Unnütze Dinge und Tätigkeiten werden nun in Frage gestellt und das Vertrauen in das Leben wird neu hinterfragt und ausgerichtet. Denn ein Wechsel ist schon seit Jahrmillionen in der Natur zu beobachten. Jedem Aufblühen folgt nach einiger Zeit das Absterben und gleichzeitig wird der Samen für Neues gelegt.

Wer diesen Wechsel auch für sich erkennt und anwendet, kann vorsorglich planen und agieren.

Das Anhäufen und Loslassen geschieht in einem abwechselnden Rhythmus, kein Versagen kann dies stören. Es ist nur ein gewohnter Ablauf im Lebenslauf. Wichtig ist dabei, egal ob oben oder unten, links oder rechts, waagrecht oder senkrecht, immer wieder erneut die Balance für sich zu finden. Wenn kein Widerstand erfolgt, braucht das Pendel auch nicht in die Gegenrichtung auszuschlagen.

Passiert dies, wie im Beispiel, im kollektiven Feld, pendeln ganze Nationen und Länder hin und her. Dies erzeugt eine immense Unruhe auf diesem Planeten, der die Schwingungen bis auf den letzten Winkel der Erde in Unruhe bringt. Daher ist ein Gegensteuern notwendig, um nicht einen universellen Kollaps entgegenzusteuern. Jeder von uns ist gefragt, daran mitzuarbeiten, uns gegenseitig zu unterstützen. Nur dann wird dieses Feld wieder zur Ruhe gebracht, um im Gleichklang des Wachstums der Seele und des Fortschrittes des Geistes agieren zu können.

Das Portal des Gleichklangs

Sternengalerie des Zräm

Ich bin Vesimond, der sechste Sternschreiber deines Universums. Man nennt mich auch den Schöpfer aller Leben, bin ich doch mit allen Lichtgesetzen vertraut. Durch die gegebenen Lichtdogmen erinnere ich jede Seele an die Wahrheiten der Lichtleitfäden, um den Sternenwandel zu vollziehen. Neue Galaxien entstehen durch Wandlung und Tod, das aber gleichzeitig sich wieder neu formt als Geburt. Auch bei euch existiert dieses Gesetz der Wandlung, um einen Gleichklang zu erzielen. Doch nicht immer ist es euch gegeben zu verstehen. Daher rebelliert euer Planet, um euch zu erinnern. Die Einwirkungen des universellen Lichtes bringen die notwendigen Korrekturen, die ihr als Katastrophen empfindet. Sie sind aber ein wichtiges Instrument der Regulierung, auch wenn sie nicht verstanden werden. Zerstörung und Aufbau sind von der Ewigkeit gesehen eins und unterliegen deren Gesetzen. Jede Wirkung hat eine Ursache und jede Ursache eine Reaktion die wirkt. Existenzen sind vergleichbar mit dem Sternenstaub, der sich immer wieder aus Hohlräumen neu formt.

Manchmal entsteht daraus eine Supernova oder sie verschwinden in Kokons des Sternenstroms.

Mein Geschenk für dich...

...beinhaltet das Wissen, dass es keine Schuld und keine Sühne gibt. Kein unglückliches Schicksal und keinen glücklichen Zufall. Hinter euch liegen Jahrmillionen von Erfahrungen, die jedoch nicht in vollem Umfang zugänglich sind. Daher sage ich euch: Alles was geschieht, hatte eine Ursache. Auch wenn ihr die Zusammenhänge nicht erkennt, Energie folgt immer der Aufmerksamkeit. Daher bekämpft nicht euch selbst mit den Gegebenheiten, sondern formt euch neu mit der Kraft der Erkenntnis. Lenkt eure Gedanken, wie in einem Spiel, auf das gewünschte Ergebnis. Vertraut und seid optimistisch, dann werden euch Gefühle zum Ergebnis begleiten, die dazu förderlich sind. Wir Sternenschreiber sind dabei Unterstützer und Helfer. Ihr seid nie alleine. Doch wisset, dass Gedanken nicht zu euch gehören. Diese Energieform dient euch zur Bewusstwerdung, um von den Polaritäten abzulenken und sie zu integrieren, damit sie eins werden können.

Chante meinen Namen – VESIMOND – so oft du meine Präsenz in deinem Energiefeld haben möchtest, damit ich dich helfend unterstützen kann. Er ist der Energiecode, um dich an die wahre Schöpfung zu erinnern.

Rufe das VESIMOND-Portal mit folgenden Worten:

„Auch wenn ich noch nicht alles verstehe, was auf mich zukommt, bin ich offen für die universellen Erfahrungen meiner Inkarnationen.

Mir ist bewusst, dass der kleinste Impuls von mir eine Wirkung auf die Universen hat.

Alles was in meinem Leben passiert, ist eine wertvolle Erfahrung, die mich zur Ganzheit meiner Seele führt.

Mein Lebensspiel erfordert Mut und Ausdauer, daher bitte ich um Unterstützung der wissenden Sternschreiber. Danke!

Ich nehme mein Leben in allen Facetten des Lernprozesses an und erfreue mich an der Schöpfung."

So sei es.

Vanessa ist eine selbstbewusste Frau mit einem etwas unruhigen Geist. Daher sucht sie ständig nach Veränderung, nicht nur bei sich, sondern auch bei ihren Mitmenschen. Kritiken kommen leicht über ihre Lippen, rechthaberisch verteidigt sie ihre Einstellungen. Bei ihrem Freund kommen diese belehrenden Vorschläge nicht sehr gut an. Er fühlt sich von ihr nicht so angenommen, wie er ist. Als er ihr dies in einer ruhigen Minute erklärt, hört sie wieder einmal nicht hin. Selbst als er droht, sich von ihr zu trennen, wenn sie ihr Verhalten nicht ändert, nimmt sie dies als leere Wortfloskeln nicht ernst. Als sie eines Tages von der Arbeit nach Hause kommt, findet sie einen Brief von ihm auf dem Schuhschrank der Garderobe. In diesem bedankt er sich für die gemeinsamen Erfahrungen und teilt ihr mit, dass es unter diesen Umständen keine gemeinsame Zukunft geben wird. Er hat seine Sachen gepackt und ist ausgezogen.

Jetzt ist Vanessa am Boden zerstört. Das hätte sie ihm nie zugetraut, war er doch in ihren Augen nicht fähig, alleine Entscheidungen zu treffen. Einer Freundin schildert sie ihre Lage am Telefon: „Ich bin so wütend auf ihn. Er kann mich doch nicht einfach so alleine lassen. Wie stehe ich denn vor den anderen da. Mein Plan war doch, dass wir bald heiraten und eine Familie gründen. Da muss etwas anderes noch mitspielen, das war sicher nicht mein Fehler."

Ines, die Freundin, erinnerte Vanessa daran: „Hast du ihm nicht ständig alles vorgeworfen, was er sagte und tat. War dir nicht bewusst, dass du ihn verletzt und zurückgewiesen hast? Er tat mir oft leid, als er stumm litt. Du bist schon eine Besserwisserin in allen Belangen. Nicht immer ist es leicht, mit dir umzugehen." Daraufhin verstummte Vanessa. Eine offene Kritik von ihrer Freundin hat sie noch nie erlebt. Doch nach einer kurzen Pause, legte sie ihr Herz offen: „Auch ich fühle mich oft unzufrieden und gestresst. Er hat mir doch versprochen, dass er immer für mich da ist. Nichts läuft in meinem Leben so, wie ich es mir gewünscht habe. Ich verstehe die Welt nicht mehr, alle sind gegen mich. Dabei habe ich niemanden etwas getan. Im Gegenteil, ich bemühte mich immer, für alle dazu sein und es ihnen Recht zu machen. Die Verbesserungen, die ich vorschlug, wurden auch nicht angenommen. Anscheinend mache ich nie etwas richtig. Dieses Gefühl hat mir mein Vater schon immer gegeben. Was soll ich jetzt bloß tun?"

✳✷✶✷✳

Sich immer der Konsequenzen des Tuns bewusst zu sein, ist weder einfach zu akzeptieren noch dies zu leben. Alles was der Mensch tut, denkt und fühlt, hat eine Wirkung auf seinen Nächsten. Je bewusster wir leben, desto mehr gelingt es uns, mögliche negative Folgen unseres Daseins abzuschwächen und zu vermeiden. Dies ist aber nicht durch Kontrolle handzuhaben, sondern durch das stetige Steuern unseres Tuns. Frage dich daher immer am Abend eines Tages, welche Denkmuster Konflikte verursacht haben. Dabei geht es nicht um das Suchen von Schuldigen, sondern Verhaltensmuster, Gewohnheiten und Auslöser zu erforschen, um sie in Zukunft rechtzeitig auflösen zu können.

Freiheit bedeutet von allen Verbindlichkeiten des Menschen gelöst zu sein. Dazu gehört die Befreiung von Wünschen, Ideen, Gefühlen und Abhängigkeiten. Spekulationen und Argumentationen finden in der Freiheit auch keinen Nährboden mehr. Sich nur mehr als Energiewesen zu fühlen und nach nichts mehr streben, was erdgebunden ist. Unser Leben ist ein schrittweises Vorankommen zu dieser Fähigkeit zur Freiheit mit kleinen und großen Bewusstseinsschüben. Ein achtsames Verhalten fördert dieses erstrebenswerte Ziel.

Lasse die Energien durch deinen Körper fließen. Stelle dir vor, Wasser fließt wie aus der Dusche über deinen Kopf, deinen Rumpf bis zu den Zehen. Fließendes Wasser, besonders wenn es kühl ist, reinigt nicht nur deine Haut, sondern erquickt jede deiner Körperzellen und löst so nebenbei Fremdenergien aus deinem spirituellen Körper. Müdigkeit, Schmerzen und alles Unerwünschte wird durch das kühle Nass gereinigt. Auch in Gedanken funktioniert dies fast genauso effektiv, wenn du deine Vorstellungskraft darauf konzentrierst und einsetzt.

Dein Bewusstsein gleicht einem Energiestrom, den du durch deinen Körper wandern lassen kannst. Versuche dabei tief in den Bauch hinein zu atmen. Ein Kribbeln wird sich daraufhin bis zu den Fußsohlen einstellen, Wärme flutet dann deinen Körpertempel. Dadurch holst du die verlorene Energie zurück. Mache diese Art der Reinigung jeden Tag, damit deine Ganzheit und Kraft harmonisch durch dich pulsiert.

Jetzt ist wieder Platz für Neues da und du kannst die innere Stimme in dir wieder klar wahrnehmen. Durch diese allgegenwärtige Kraft wird deine Zukunft manifestiert, wie du sie dir erwünschst und erträumst.

Erdungsübungen, wie handwerkliche Tätigkeiten, Gartenarbeit, sportliche Bestätigung, trommeln, musizieren und wandern in der Natur kennst du vielleicht schon. Aber wusstest du, dass das gründliche Kauen von Nahrung und eine tiefe Bauchatmung ebenfalls den gewünschten Erdungseffekt haben? Dazu zählt auch noch das Kochen und Backen, duschen oder baden und ein bewusstes Abschalten von Handy und Computer. Jede Energiebehandlung wie Reiki, Yoga und viele andere Formen von energetischen Übertragungen unterstützen ebenfalls die richtige Verteilung dieser enormen Kraft und Heilung in deinen Meridianen.

Vielleicht magst du auch einen gesunden Baum umarmen und dich mit seinen Wurzeln verbinden. Falls du dies barfuß machst, funktioniert es durch die direkte Erdanbindung noch viel besser. Das bewusste Durchschreiten von Waldstücken und unberührter Landschaft, nur begleitet von der Stimme der Natur, lässt deinen Alltag innerhalb von kurzer Zeit fast völlig verschwinden. Der Geist kann abschalten und die Seele endlich wieder durchatmen. Nach und nach vermischen sich die energetischen Felder der Pflanzen- und Baumseelen mit deiner und entspannen und bereichern dich als Mensch. Wenn die Naturgeister auch noch Gefallen an dir finden, entsteht eine tiefe Glückseligkeit, gepaart mit Zufriedenheit und gesunden Impulsen. Ein wundervoller Moment der Achtsamkeit lässt die Alltagsprobleme fast verschwinden und ersetzt sie mit Mut und Neugier auf deine nächsten Aufgaben mit ihren Entwicklungsschritten.

Hast du in der momentanen Situation wenig Zeit für diese Spaziergänge, können dir auch reine ätherische Duftöle helfen, einen ähnlichen Zustand zu erreichen. Sie speichern die Heil- und Botschaftsfelder der Natur und setzen Prozesse für die Zellinformation in Gange. Dadurch erinnern sich die Zellen bei der Teilung an die Blaupause des Körpers und gleichen Unstimmigkeiten sofort aus. Eine wundervolle Bereicherung in der Energiemedizin, denn für jedes Leiden des Körpers und des Geistes ist ein Kraut gewachsen. So wird wieder ein langanhaltender Gleichklang erzeugt.

Das Portal der Schöpfung

Sternengalerie des Rebmezed

Ich bin Nezarasan, der siebente Sternschreiber deines Universums. Mein spezielles Gebiet bei eurer Unterstützung ist das Prinzip der Geschlechter. Jede Existenz eures Planeten beinhaltet die männliche und weibliche Qualität. Die Zeugung und Wiedererzeugung unterliegt der Hingabe und dem Beherrschen. Alles was lebt wird von zwei Seiten gezeigt. Physisch gesehen ist es die Sexualität, in höheren Ebenen ist es die Schöpfung des Ying und Yang. Jede von diesen Schwingungen überträgt seine Energievibration auf die des anderen. Dadurch verstärkt sich die Eigenschwingung dieser zwei Elemente und verschmilzt zu einer Einheit, die bei Veränderung der Schwingung wieder getrennt wird, um erneut zusammenzufinden. Wie in eurem Leben verändert sich das Schöpfungsfeld der Resonanz, um wieder neu entstehen zu können. Im Universum kennt ihr dies als schwarze Löcher. Bei der Verschmelzung zweier Nichts, wird unendliche Energie in Form von Sternmaterie ins All geschleudert und sucht sich

neue Felder des Zusammenwirkens. Wenn ein Null-
feld entsteht, wird gleichzeitig eine neue Galaxie ge-
boren. In der Schwingung des Seins liegt die Urkraft
der Matrix durch ihre Umwandlung. Metamorphosi-
sche Zentralsterne können entstehen und ein neues
Sternenbild samt seiner galaktischen Ebenen ist für
euch als Himmelskörper sichtbar geworden.

Mein Geschenk für dich...

...beinhaltet das besondere Gleichgewicht zwischen den Extremen. Dies erreichst du nur, wenn du dich dem Wandel hingibst, ansonsten entsteht eine Stauung, die in einem Konflikt ausartet. Der Positionswechsel der Sichtweisen verhilft dir zu einem angenehmen Rhythmus und löst somit deine inneren Widerstände auf. Die Befreiung dieser selbstauferlegten Grenzen erschließt dir die unendliche Weisheit, mit allen Situationen in deinem Lebensalltag umgehen zu können. Gefühle und Stimmungen sind nicht mehr abhängig von der Zuordnung der weiblichen und männlichen Bedürfnisse, sondern eröffnen neue Räume der Sichtweisen. Dadurch lösen sich die Konflikte, die schon Generationen vor dir zu immer neuen Bewertungen geführt haben.

Mit dieser Geisteshaltung werdet ihr mit allen Gegensätzen umgehen können. Denn alles was Resonanz erzeugt, stößt wiederum auf Resonanz und verdichtet das Feld der Tatsachen. Nur wer sich dem ständigen Wandel unterwirft, wird von den Auswirkungen der schwingenden Übergänge verschont. Das Pendel der Polarität schwingt sofort wieder zurück und gleicht das Feld des Gegensätzlichen aus. Diese fließenden Übergänge bewegen das System der Balance und vertiefen die gemeinsamen Schwingungsfelder der Schöpfung.

Der Kreis der Geschlechterprinzipien wird nun geschlossen und vereint den Menschen mit seinen Polen der göttlichen Hingabe des Geistes. Somit kann der Energiekörper wieder an das göttliche Feld angeschlossen werden und von diesem profitieren. Der Heileffekt ist enorm und sofort integrierbar auf dieser Stufe der Sternenschwingung. Illusionen werden aufgelöst und die Lebensgestaltung kann wieder vollzogen werden nach dem tatsächlichen Entwicklungsstand. Dieser ist der Auslöser für das Seelenwachstum, das wiederum mit den Schwingungen im Universum konform geht und sich vereint. Der Kreis der Ewigkeit kann sich nun schließen.

Chante meinen Namen – NEZARASAN – so oft du meine Präsenz in deinem Energiefeld haben möchtest, damit ich dich helfend unterstützen kann. Er ist der Energiecode, um dich an die wahre Schöpfung zu erinnern.

Rufe das NEZARASAN-Portal mit folgenden Worten:

„Mit diesem Augenblick befreie ich mich von allen Ansichten der weiblichen und männlichen Logik.

Unbewusst vereine ich alle Pole dieses universellen Feldes in mir, um die Ganzheit zu erlangen.

Mit meiner göttlichen Hingabe vereine ich das Universum in mir mit dem Feld der Sternschreiber aller bekannten und unbekannten Welten der Schöpfung.

Mein System des Wissens integriert jede Disharmonie meines Feldes und schwingt sich auf der Waage der Planetendaten ein."

So sei es.

Für Sabine gab es seit ihrer Kindheit nur ein Ziel: Möglichst viel lernen, um selbständig ihr Leben bestreiten zu können. Schon während ihres Studiums schloss sie sich Frauenbewegungen an, um für die Rechte und Gleichstellung der Frauen zu kämpfen. Bei jeder Demonstration war sie in den ersten Reihen zu finden, da sie diese auch in der Organisation dazu mit vielen Arbeitsstunden unterstützte. Jedes Buch, das sich mit der geschichtlichen Emanzipation befasste, war in ihrem Bücherregal zu finden. Freunde hatte sie schon längst keine mehr, ihnen war die einseitige Sicht von Sabine viel zu anstrengend geworden. Endlose Diskussionen ließen keinen Freiraum für Spiel und Spaß mehr. Der Rückzug vom Studentenleben war Sabine anfangs gar nicht so bewusst. Erst nach einer Erkrankung, die sie für Wochen in ihre Studentenbude verbannte, lies sie erkennen, dass sie alleine war. In einem Brief an ihre Schwester Sonja war folgendes zu lesen:

„Ich fühle mich derzeit gar nicht gut. Körperlich erhole ich mich mit jedem Tag besser, doch meine Seele weint um die verlorene Zeit der Jugend. Anfangs wollte ich einfach nicht so werden wie unsere Mutter. Mich von einem Mann herumkommandieren zu lassen, ständig um Geld zu bitten und keinerlei Freiheit zu haben. Später arrangierte ich mich für die Rechte der Frauen, um dies alles einzufordern, wo es Unterschiede gab: beim Geldverdienen, den politischen Wahlrechten und vielem mehr. Doch je häufiger ich mich auf die weibliche Seite konzentrierte, nahmen meine männlichen Eigenschaften der Stärke und des Egos überhand. Nun erkenne ich mich in unserem Vater wieder und dies erschreckt mich. Der Verlust meiner Freunde, die sich in den letzten Monaten von mir abgewandt haben, schmerzt auch. Wie gerne hätte ich jetzt die liebevolle Zuwendung, die ich so dringend brauchen würde. Wie geht das bloß weiter mit mir, wo bewege ich mich hin? Ich habe doch nur versucht, eine selbstbestimmte Frau sein zu wollen. Vor einigen Wochen hörte ich in der Mensa, wie sie über mich als Emanze redeten. Das hat mich sehr verletzt. Überall wo ich hingehe weichen mir die Menschen aus.

Ich merke immer mehr, dass es einen großen Unterschied gibt zwischen Selbstbewusstsein und Emanzipation. Verliere ich jetzt meine Fähigkeit zur Hingabe und Empathie?"

Der Körper beinhaltet seit seinem Beginn als Mensch den weiblichen und männlichen Aspekt in sich. Auf der linken Seite manifestiert sich im Energieschatten die weibliche Seite und die Vergangenheit, rechts der männliche Anteil samt derer Eigenschaften mit der Gegenwart. Um eine ausgewogene Mischung zu erhalten, die durch den gelebten Alltag meistens einseitig polarisiert, dient die nachfolgende Übung zum Gleichgewicht beider Seiten.

Atme tief in deinen Bauchraum ein und lasse diese Quelle der Energienahrung langsam mit gespitzten Lippen, wie durch einen imaginären Strohhalm, wieder aus dir fließen. Wiederhole dies solange, bis sich eine innere Ruhe in dir breitmacht. Wende deinen Kopf danach nach links, denke an eine Situation die dich in deiner Vergangenheit belastet hat, atme tief ein und drehe den Kopf nach rechts, um langsam auszuatmen. Dadurch löst sich die verfestigte Energie aus deinem physischen und spirituellen Körper. Auch Verbindungen, die nicht mehr erwünscht sind, können sich dadurch von dir lösen. Alles, was einer Reinigung in dir bedarf, kann durch diese Atemtechnik ebenso verabschiedet werden. Ein einfaches, aber sehr wirkungsvolles Instrument auf dem Weg der Befreiung. Es schafft Platz für Neues in deinem Leben.

Aber auch die heilenden, energievollen Strahlen der Sonne unterstützen diesen Reinigungsprozess. Stelle dich in die Sonne so oft es dir möglich ist und richte dein Gesicht wie eine Sonnenblume nach dem Sonnenstand am Himmel aus. So empfängst du nicht nur Wärme, sondern auch Vitamine, Lebensenergie und wohltuende Zuwendung einer wundervollen Sternensonne. Wenn du dir dann dabei noch vorstellst, wie du diese Kraft an jede Zelle deines Körpers richtest, dann bist und bleibst du gesund. Sonnenenergie ist eine der stärksten Energiequellen, da sie eine große Energiedichte aufweist. Die einfache Absicht deiner Gedanken vermag eine enorme Wirkung auf dich erzielen.

Willst du dein Sicherheitsgefühl als Mann oder Frau verstärken, dann drücke deinen Rücken dabei auf den Boden, an einen Baum oder eine Mauer. Je mehr Energie dir zur Verfügung steht, umso eher wirst du die Wirkung erleben und fühlen.

Anfangs ist eine gewisse Disziplin dazu notwendig, doch später wird sie durch deine Sehnsucht nach Energie abgelöst. Ein gutes Gefühl der Kraft und Ausgeglichenheit ist schließlich die Belohnung dafür.

In der Menschheitsgeschichte haben seit jeher viele Zuordnungen stattgefunden, wie Frau oder Mann sein sollte. Obwohl sie sich im Laufe der Jahrhunderte verändert haben, erreichten sie doch nie die Ausgeglichenheit einer Waagschale. Je mehr darum gekämpft wurde, desto mehr verschob sich das Pendel in die Gegenrichtung, ohne eine Harmonie erkennen zu lassen. Durch Bewertungen zum männlichen und weiblichen Prinzip wurden Eigenschaften und Vorlieben zugeordnet. Einmal fixiert, konnten sie nur durch das Erkämpfen wieder ausbalanciert werden.

Erkenne in dir die geschlechterspezifischen Qualitäten, um aus diesem ständigen Hin- und Her herauszukommen. Nur die Anerkennung verhilft dir ein ganzheitlicher Mensch zu werden und dies auch leben zu können. Das Kollektiv richtet sich immer wieder neu aus, daher ist es nie zu spät, sich damit zu befassen. Klarheit und Autorität darüber vereinen diese beiden Pole zum ICH BIN.

Die Ebene des Glaubens

Es gibt auf dieser Welt zwei Arten von Menschen: Solche die Energie haben und solche, die Energie brauchen. Hast du Mitleid mit denen, die wenig haben, sorgst du dich letztendlich um dich selbst. Damit unterliegst du aber einer Täuschung. Denn du trägst die Last von Gewohnheiten, Verhaltensmustern und Glaubenssätzen, die dich nicht wirklich als Person ausmachen. Es ist viel einfacher anderen Menschen zu helfen, als sich selbst von Selbstmitleid, Marotten und Zweifel zu befreien. Auch das große Ego gehört in dieser Kategorie dazu.

Fülle daher dein Leben mit Entscheidungen gegen deine Abhängigkeiten um Bewusstsein zu erlangen. Unwissenheit schützt dich nicht vor Schaden, daher ist es enorm wichtig Lebensweisheit zu erlangen. Sie dient dir als Kompass in unruhigen Zeiten, in denen unsere Aufmerksamkeit dem täglichen Kampf des Überlebens gewidmet ist. Laufe nicht blind durchs Leben, weil du das Mysterium rund um dich nicht sehen kannst. Unbekanntes auf unserem Weg ordnen wir sofort in bekannte Kategorien zu, obwohl dies falsch katalogisiert wird.

Mit der Zeit vergessen wir es. Öffnest du dich dem Wissen, dann wird dein Geist eine Bibliothek von wertvollen Schätzen, Wörter werden zu Perlen der Weisheit, geordnet auf deiner Lebensschnur. Die Geheimnisse des Verborgenen manifestieren sich in deine bekannte Welt der Zuordnungen und Regelungen. Dadurch werden sie für deinen Geist zugänglich. Ein kollektiver Zwang schwebt ständig wie eine dunkle Wolke über dir. Manchmal nimmst du sie wahr, aber da sie immer schon in deiner Nähe war, verlierst du das Interesse an ihr. Besiegst du jedoch mit deiner Neugier diese seit deiner Geburt angelernte Schwäche, siehst du endlich klar und hast wieder die eigene Wahl über dein Leben und deine Lebensenergie steht dir in vollem Umfang jederzeit zur Verfügung.

Lenke daher deine Aufmerksamkeit achtsam auf deine wirklichen Bedürfnisse und nicht die der breiten Masse. Lebensroutinen verdecken das, was wirklich für dich bedeutend ist. Träume wieder deine Träume und stelle dich ab heute jeder Herausforderung. Nehme dich selbst nicht so wichtig, sondern lenke dein Augenmerk auf die Geschehnisse, die rund um dich ständig passieren. Damit umschließt und verkapselst du nicht mehr dein

Energiefeld, sondern machst es öffentlich zugän-
gig. Nur durch diesen Vorgang nimmst du die universelle Lebensenergie der Fülle auf.

Wenn du glaubst, bereits dies alles zu wissen,
unterliegst du einer groben Fehleinschätzung.
Denn Glauben heißt ausgetretene Wege zu be-
schreiten anstatt sich mit der Suche nach einsa-
men Pfaden zu beschäftigen. Alles was bereits erfahren wurde hat keine Bedeutung für das Bewusstsein der neuen Zeit. Es dient lediglich zur
Standortbestimmung, zum Ort des Aufbruches.

Wirf daher sofort dein Energienetz aus und
fange dir wunderbare Samen für deine Zukunft
ein. Du fragst wie das möglich ist? Dann schließe
deine Augen und spüre in dich hinein. Lausche deinem Herzschlag, der Musik deines Lebens. Von
fast ganz alleine schweben dir die Möglichkeiten
eines erfüllten Lebens entgegen mit einem herrli-
chen, unbeschreibbar schönen Farbenspektrum
der Erfüllung deiner Wünsche. Male mit ihnen
deine ersehnten Träume auf der Leinwand deines
Lebens. Und du verstehst nun die selbsterfüllende
Prophezeiung.

Die Ebene der Stille

Töne, Laute und Wortklänge nehmen wir schon im Mutterleib wahr. In Wirklichkeit handelt es sich aber dabei um Schwingungen. Tiefe und hohe Lagen dieser stimmlichen Wahrnehmung hören wir nicht nur mit den Ohren, sondern mit unserem ganzen Körper. Jede Zelle unserer feststofflichen Verkörperung vibriert mit, denn ca. fünfundsiebzig Prozent unserer Zellansammlung besteht in Form von Flüssigkeiten und diese sind extrem empfänglich für diese Art der Schwingung. Kein Gedankengang in unserem Gehirn kann dies wirklich nachvollziehen, da darin der Sinn der Ewigkeit verborgen ist. Die Forschung unserer Menschengehirne hat lediglich zu einem kleinen Teil Zugang, um Beweise der Existenz zu suchen und zu finden. Vergleichbar ist es mit einem Puzzle aus tausenden Teilen. Der Mensch sieht nur eine kleine Ecke und glaubt daraufhin das große Bild als Ganzes zu erkennen. Er ist blind vor geglaubtem Wissen und seine Tatsachen beruhen auf einem System, das selbst seine Grenzen nicht wahrnehmen kann. Die Täuschung ist perfekt getarnt.

In der Stille ist alles enthalten, so wie in der Leere. Genieße sie, mach eine Pause und sei präsent mit deinem Körper, deinem Geist und deiner Seele. Gerade jetzt bahnt sich nun eine neue Art von Kommunikation an, dies könnte ein Durchbruch des Selbst sein. Es beschreibt einen Zustand, bei dem deine Antennen ausgefahren werden und die Stimme des Universums empfangen wird. Verstärken kannst du dies mit einem Blick auf die Sonne, den Mond oder den Sternen im Firmament. Dadurch entsteht eine Verbundenheit und du wirst das Gefühl haben einen Raum des Unendlichen zu betreten. Manchmal formt sich ein neuer Laut in deinem Inneren, vermischt sich mit dem ewigen Ganzen und pulsiert über deine Körpergrenze hinaus. Gleich einem Rauschen um dich herum nimmst du Lichtblitze wahr, unendlich klein, aber in großer Anzahl. Sie verstärken durch ihre Anwesenheit eine sichtbare Stimme. Das Wunder der Stille ist bei dir.

Das Bewusstseinsfeld erweitert sich nun spürbar. Ein unendlicher Raum schafft neues Erleben. Schwinge in Harmonie mit dem, was dein inneres Wesen erfassen und greifen kann.

Jetzt bist du soweit, um deine innere Sonne zu besuchen. Sie ist die kleine Schwester der äußeren Lichtquelle, direkt mit ihr verbunden mit einem reinen Strahl des Sonnenelementes. Dieser Vorgang wird von einem Gefühl begleitet, welches fast nicht zu beschreiben ist. Sattheit des Geistes kommt in der Bedeutung am Nächsten. Hier befindest du dich auf einer Ebene, die so fein und hoch schwingt, wie nichts auf unserer Erde. Energieströme werden wie warme Sonnenstrahlen in jede Zelle deines Körpers und darüber hinaus gelenkt. Diese Atmosphäre des Lichts vibriert in die Weiten deines Vorstellungsraumes und darüber hinaus. Göttliche Offenbarungen folgen diesem entrückten Zustand der Stille. Doch darin ist alles an Tönen und Geräuschen, wir nur das Universum erklingen kann und mag. Der Strahl des Kontaktes zur Unendlichkeit des Seins ist angekommen.

Du wirst zur göttlichen Essenz.

Die Ebene des Erwachens

Der „normale" Mensch möchte schon von Kindheitstagen an im Mittelpunkt stehen. Später, in seiner Jugend, versucht er noch dazu immer das letzte Wort zu haben. Er fühlt sich wichtig genug, dass er annimmt, die Welt dreht sich nur um ihn selbst, mit seinen Bedürfnissen und seinen Wünschen. Von diesem Ausgangspunkt an ist jede Absicht einer Verhaltensänderung ein komplizierter und langwieriger Prozess, nicht selten gepaart mit dem Gefühl der Isolation. Das Ziel sind die ersten Schwimmversuche im Bewusstseinsmeer. Doch bis dahin stützen wir uns auf ein Klettergerüst aus Verhaltensmustern und Übereinkünften, bei denen wir uns nicht selten verbiegen um nie gegen den Strom des Kollektivs zu schwimmen. Dieses mentale Konstrukt dient der Erhaltung unseres Sicherheitsbedürfnisses, das sich dennoch als Trugschluss erweist. Fehler und Irrtümer säumen unsere Straße zum Erfolg. Unser starkes Ego ist auf diesem Weg zur Sichtbarkeit unserer Selbsterkenntnis auch nicht gerade förderlich.

Erwachst du, erhältst du damit das Geschenk der Wirklichkeit, die dir in vielen Formen erscheinen kann. Wahrnehmungsbereiche auf dieser Ebene öffnen die Portale mit den Fähigkeiten zur Bewusstseinswerdung. Dieses einzigartige Wahrnehmen ermöglicht dir aus deiner Welt die Werte auszuwählen, die notwendig sind, um deine Identifikation zu erspüren. Die eigene Wichtigkeit tritt in den Hintergrund und öffnet damit das Feld der Erkenntnis, dass alles eins ist. Ein mühevoller Weg findet seinen Abschluss in einer Krönung des Wandels vom Mensch zum göttlichen Aspekt.

Halte dich daher nie für einen Meister, denn in ihm steckt immer noch der Schüler, der er einst war. Existenzen greifen innerhalb der Zeitzonen übereinander, denn das Bewusstsein von Zeit und Endlichkeit ist ein Trugschluss. Nur das Unvermögen dieses Wunder zu erfassen, lässt dich in der Matrix zurück. Daraufhin winden sich die bereits erworbenen Erkenntnisse im Alltagsbrei der Emotionen und sie verdunkeln erneut die veränderte Sichtweise. Halte lieber an dem fest, was du noch nicht mit deinem Verstand verstehst und lasse es einfach auf dich wirken. Ergreife die Initiative durch deine Neugier mehr über diese Realität hinaus zu erfahren. Gib dir selbst das Gefühl in jedem Augenblick etwas tun zu können.

Mische nicht mit Allgemeinheiten des Lebens mit. Inzwischen spielst du in einer viel höheren Liga, in der du dich nicht mehr vergleichen solltest. Macht, Dominanz und Selbstdarstellung kommen dir dann wie ferne Planeten vor. Sie verlieren ihre Wichtigkeit in deinem Leben und jeder Versuch, sich damit auseinanderzusetzen, zerfällt im Nichts. Durch dein Bemühen ziehst du wichtige Faktoren an. Lebe wieder authentisch, wie du es als Kleinkind schon sehr gut gekonnt hast. Geformte Persönlichkeiten können Hürden mit einer Prise Humor und der Entwirrung von der eigenen Wichtigkeit begegnen. Deformationen im Energiefeld werden mit der Zeit verschwinden, sich auflösen oder gleich umwandeln in ein Schwingungsfeld der Liebesenergie. Potenziale können durch das eigene Erkennen ans Tageslicht gelangen. Eine makellose Veränderungsstrategie, ohne das Gehirn dabei zu beanspruchen, tritt an die Oberfläche des Seins. Die Anhaftungen des Egos verhindern den freien Fluss der Energie. Nur wenn die eigene Wichtigkeit wie ein Wollmantel in der

Seelenwüste abgeworfen wird, kommt die Einzigartigkeit des wahren Menschseins zum Vorschein. Sie verbindet sich mit dem vorgesehenen Platz im universellen Feld und bereichert das Leben aller Existenzen dieses Universums. Geist und Quelle werden dadurch gemeinsam zur Unsterblichkeit zurückgeführt. Dieser Blickwinkel führt zu einer Leuchtkraft deiner Seele in einer veränderten Sichtweise, der neuen Zeit entsprechend angepasst.

Alle Energien der Universen verbinden sich wieder zu einem großen Ganzen. Die Tiefe der Unendlichkeit findet seine neue Form der Erwachung durch die Sicht auf das Unsichtbare.

Das was wirklich wichtig ist, erscheint in diesem Leuchtfeuer in einem völlig anderem Licht. Vereinfacht wird dieser Erwachungsprozess dann, wenn viele Seelen dieses Erkennen gleichzeitig durchlaufen. Gerade jetzt passiert dies in unserer Zeit, deshalb kannst du auf diese gegenseitig stützende Energieverwandlung vertrauen. Sie verhilft, dies alles schneller und höherschwingend zu durchleben. Du bist niemals allein, daher fasse Mut zur Veränderung und erwache jetzt!

Die Ebene der Wahrnehmung

Entscheide, wie du die Welt wahrnehmen möchtest, ohne dich auf eine Seite zu stellen. Dein Blickwinkel ist für die nächsten Jahre entscheidend, wie stabil die gesunde Zellinformation von deinem Körper ist. Funktioniert die ständige Erneuerung deiner Zellen nach der Urinformation, so wird auch deine Psyche stabil bleiben. Wenn du in deiner bewussten Entwicklung durch die Rückerinnerung weiterwachsen möchtest, dann darfst du für dich entscheiden, ohne dem Kollektiv blind zu folgen. Nur wenn die Zuwendung zu deinem Bewusstsein funktioniert, kann deine Sichtweise und der Blickwinkel deine persönliche Energiezufuhr und Ankoppelung an deine Akasha-Chronik fördern.

Betrachte die Welt, in der du lebst, wie ein großes unbekanntes Geheimnis. Nur wer danach sucht, findet ein Mysterium in seiner Betrachtung. Konzentriere dich auf den Weg, den du gehen möchtest und übernimm die Verantwortung für dieses Leben. Jede Sekunde ist ein Geschenk der Schöpfung, daher achte es und setze es nicht wieder leichtfertig aufs Spiel. Wohin du deine Aufmerksamkeit auch lenkst siehst du eine wundervolle Schöpfung bis ins kleinste Detail. Dorthin projizierst du nun deine Energie und verbindest dich mit dem Energienetz, welches bis ins Universum reicht und schließlich sogar in andere Universen Berührungspunkte erzeugt. Die Urmaterie ist wie die Schöpfungsgeschichte, in der du dich als Ganzes erkennen kannst. Schon oft wurden von dir die menschlichen Grenzen unbewusst überschritten. Der Mensch profitiert daher vom Wissen aller Geschöpfe, wenn er sich darauf einlässt. Die Energiepunkte der Vernetzung pulsieren auf vielen Nebenkanälen und bündeln Erfahrungen. Eine konzentrierte Wahrnehmung ist die Folge davon. Erscheinungen und Möglichkeiten stehen daher allen Lebewesen in Blitzgedanken und Klarträumen zur Verfügung.

Staune ehrfürchtig, wenn du dieses Wissen anzapfst, denn es steckt unendlich viel Lebenszeit in dieser großen, unendlichen Seelenbibliothek der Sternenwelt. Diese ganzheitliche Macht, die darauf folgt, kann nur von sehr hochschwingenden Wesen geformt und in Wahrnehmungen umgewandelt werden. Eine makellose Anwendung ist

das Grundprinzip dieser Ebene. Durch die Möglichkeiten verändert sich das Dharma dieses Planeten
mit ihren Bewohnern. Für die neue Zeit werden
Räume geschaffen, die mit kosmischer Energie regelmäßig versorgt und durchströmt werden.

Du bist geboren um in dieser sensiblen Energie-
zeit Teil davon zu werden und zu sein. Wie ein
Abenteuer wirken diese Informationen für unseren
Verstand, eine Reise ins unbekannte Sein.

Achte auf jedes Zeichen, dass dein Gehirn dir
meldet. Eine klare Sicht der Dinge verhilft zu einem Energieanstieg in die feinstoffliche Welt, die
auf unserer gewohnten Erde stattfindet. Zwar unsichtbar, aber du wirst es immer mehr fühlen. In
diesem Quantenfeld verbirgt sich eine ungeahnte
Kraft, in der du dich mit deinen Empfindungen ein-
lassen kannst. Gib niemals auf! Das Gleichgewicht
in dir muss ständig ausbalanciert werden, ansonsten verschieben sich deine Wahrnehmungen im
äußeren Feld wieder. Hingabe und Ausdauer unterstützen diesen Prozess. So erlebst du persönliche Quantensprünge, die dich auf der Treppe zum
Aufstieg weiterbringen.

Beurteile niemals dein Voranschreiten, hast du
doch nur Wegabschnitte in deinem Blickfeld der

Wahrnehmung. Es könnte ja sein, dass du dich schon in der Nähe des Zieles befindest, ohne es zu ahnen. Je reibungsloser du voranschreitest, umso weniger Energie wird vertan. Dadurch steht dir immer der volle Kraftumfang dieses Energienetzes zur Verfügung.

Denke daran dir Unterstützungspunkte einzubauen in Form von Vertrauen, Liebe und Geistesbewusstsein. Lass dafür dein Ego zurück. Es wäre ohnehin hinderlich für diese Bewältigung der vor dir liegenden Aufgaben. Lade aber das volle Energiepotenzial deiner Sinne ein. Sie sind die idealen Begleiter für die gewonnene Freiheit des Denkens und Fühlens.

Die Ebene der Seher/innen

In jedem Menschen steckt ein Fragender. Wir suchen alle das Geheimnis des Lebens und vor allem des Todes. Keine Religion konnte mit ihren Lehren und Geschichten den tatsächlichen Beweis erbringen, was nach dem Tode geschieht. Doch eine Gemeinsamkeit habe alle Glaubensrichtungen: das Vertrauen in den Fortbestand der menschlichen Existenz. An manchen Tagen zweifeln wir aber sogar an dieser These. Jetzt erhoffen wir die Rückenstärkung jener Menschen, die wir als Seher oder Seherinnen bezeichnen. Seit der Antike lehrt uns die aufgezeichnete Geschichte, dass es in jeder Epoche der Zeit diese besonderen Menschen gab und heute immer noch gibt. Sie tauchen sogar vermehrt auf in dieser neuen Zeit. Du findest sie aus jeder Gesellschaftsschicht, ob ungebildet oder studiert, vom Landwirt bis zu den Manageretagen. Bei vielen von ihnen ging eine Nahtoderfahrung voraus. Manche haben von Kleinkind an diese Gabe, andere durchlebten eine schwere Erkrankung, wonach sie sich intensiv mit dem Leben und dem Tod auseinandersetzten. Erst als die materielle Welt in den Hintergrund trat, konnte die Eigenschwingung spontan erhöht werden. Dadurch bekamen sie Zugänge zur Anderswelt, die von der geistigen Welt offen gehalten wurden, um die Menschheit mit Informationen zu unterstützen.

Das Bewusstsein um die eigene Endlichkeit, die Akzeptanz des Todes als veränderbare Form der Seelenexistenz, erlaubt ihnen den Blick ins Unendliche mit seinen Wissens- und Erfahrungsfeldern. Diese sind nicht der Weltuhr mit ihren Zeiten untergeordnet, sondern den verschiebbaren Realitäten der Universen. Effekte der Unsterblichkeit verändern Schicksale. Grenzen werden aufgebrochen, neu strukturiert und wie Puzzleteile wieder zusammengefügt, mit neuen Mustern und Bildern. Erforsche diese Intensität der Lebensbilder um eine Verbundenheit damit zu arrangieren. Gleich einem Flüchtling kann beim Wechseln des Körperfeldes nichts mitgenommen werden, außer Wissen und Talente, die im neuen Körper (der neuen Inkarnation) dann schlummern, bis sie wieder erweckt werden. Den Sehenden stehen diese bereits mitgenommenen Fähigkeiten zu Lebzeiten schon zur Verfügung. Ressourcen werden von dieser Menschengruppe bereits jetzt genutzt. Dies geschieht aber wie bei einer Verabredung mit dem

Unbekannten. Nicht alles kann und soll richtig gedeutet und gesehen werden. Wir haben immer die Wahl hinzusehen oder so wie bisher weiterzumachen.

Der Mut in unbekannte Welten aufzubrechen, ist nicht in allen von uns gleich gespeichert. Manche verlassen sich auf andere Sehende, weil sie an sich selbst zu viel zweifeln. Und die, die sehen, haben diese Wahl schon vor Eintritt in dieses Leben getroffen. Oder der Auslöser für ihre Sensibilität war ein Schicksalsschlag, der sie aus der gewohnten Lebensbahn geworfen hat.

Lauere daher nicht auf den richtigen Moment, denn er ist sehr flüchtig. Verwandle deine Angst in Neugier um und beginne mit kleinen Dingen dir selbst immer mehr Mut zuzusprechen und deinem Selbst zu vertrauen. Verlasse den Platz der alten Denkmuster um dich selbst als sehendes Individuum kennenzulernen. Es gibt keine Hölle und keinen Himmel. Dies sind Bilder der Weltreligionen, die vor tausenden Jahren entstanden, als sie diese in die Verstandesebene von niedrigschwingenden Menschen gepflanzt haben um Erklärungen bieten zu können. Alles ist in der kleinsten Zelle des Miniuniversums enthalten. Wie du dies siehst und bewertest erklärt den negativen oder positiven Energieklang, die helle oder dunkle Seelenfarbe der Gefühle und Emotionen, in dir. Tief in deinem Inneren ist dir dies bereits bekannt. In erhellenden Momenten der Erkenntnis über das Leben und den Tod.

Der „schlafende" Mensch versucht immer noch, wie unsere Vorfahren, Spuren zu hinterlassen, um nicht in Vergessenheit zu geraten. Millionen von Menschen tun dies heute erfolgreich durch Worte, Taten und Werke, doch sie überdecken damit nur die Spuren unserer Ahnen. Unsere Hinterlassenschaften werden von zukünftigen Generationen wieder überdeckt. Falls es nicht mehr Sehende gibt, die auf diese Sinnlosigkeit aufmerksam machen, passiert dies immer wieder. Dahinter steckt eine große Angst vor der Endlichkeit, dem ewigen Tod.

Stelle dich dieser Urangst beizeiten mit der Konfrontation. Vieles auf unserem blauen Planeten ist gewissen Gesetzen unterworfen, aber das Sterben gehört nicht dazu. Denn jeder von uns ist bereits seit vielen Inkarnationen so geübt darin, dass er sogar hier die Wahl hat, wie es geschehen soll und darf. Dieser persönliche letzte Akt des Lebenstheaters ist lediglich das Tor zur Unendlichkeit. Jeder kann hindurchgehen auf welche Art und Weise er es bestimmt. Langsam oder schnell, aber immer bewusst. Sterben im Schlaf ist ebenso bewusst wie das wache Sterben beim Tag. Nachts fällt uns der Übergang leichter, weil wir jede Nacht unseres Lebens loslassen und diesen ersten Teil des Weges schon so oft gegangen sind, bis hin zum Lichttor. Tagsüber sind wir niedrig schwingender und zu sehr im Alltag mit dem Ego verhaftet. Aber beide Arten des Sterbens sind außergewöhnlich. Beim Durchschreiten des Todesportales erkennen wir unsere ganze Seele mit den vielen Daseinsformen wieder, darum lächeln oft die Sterbenden und entspannen sich in der letzten Phase vor dem Übergang. Eine magische Reise beginnt in Dimensionen, die wir uns jetzt gerade nicht vorstellen können. Das vergangene Leben erhält erst jetzt den tatsächlichen Erkennungswert, die Bedeutung, die ihm zukommen sollte.

Sehende verleihen diesen unbekannten Welten den Glanz des Ahnens, den wir gerne sehen möchten, um uns nicht in der Angst zu verlieren.

Beherrsche daher die Kunst des Todes, indem du in Achtsamkeit lebst, da du den Zeitpunkt, wann er in dein Leben tritt, nicht kennst. Du bist dann bereit, egal ob morgen oder in fünfzig Jahren. Hier zählen nicht die Lebenszeiten, sondern die Aufgaben und deren Bewältigung. Blicke stets nach vorne und verliere keine Zeit für die Dinge, die du liebst. Akzeptiere das, was du nicht mit deinen Willen ändern kannst um den Übergang im Bewusstsein zu erleben. Gelebte Akzeptanz ist die Wegbereiterin für eine neue Existenz, egal an was du glaubst. Deine Vorstellung von deiner Wahrnehmung jenseits der Grenze vom Menschsein wird sich im Universum wieder manifestieren, denn du als Seele wirst ewig weiterleben. Das ist das, was die Sehenden tröstet, wenn sie an den eigenen Übergang denken und ihn vorbehaltslos akzeptieren.

Werde auch du zum sehenden Menschen indem du Energiepraktiken regelmäßig anwendest. So gelingt durch intuitivem Umgang mit feinstofflichen Wesenheiten und Raumebenen die Annäherung an die Quelle des Seins durch das Verständnis der universellen Wahrheiten.

Die Ebene der Bewegung

Diese Ebene ist der Weg der Kraft und der Stärke. Jeder Anfang einer Bewegung ist das Inkrafttreten einer imaginären Energiequelle. Erst wenn sie ins Rollen kommt, entsteht ein Vorgang, den wir als Bewegung kennen. Ein Fluss von Gedanken übernimmt die Manifestation einer gleichmäßigen und fließenden Bewegung. Wird der Gedankenfluss durch Ablenkung unterbrochen, stoppt auch die Bewegung der Energiewelle. Ein gleichmäßiger Aufbau und die Fluktuation sind nur durch die konzentrierte Energieversorgung des Vorhabens gesichert. Durch diese manifestiert sich der Ablauf in regelmäßigen Bahnen.

Wer sich nicht mit sich und seinen Belangen beschäftigt, kann auch im Außen nichts bewegen. Mentale Barrieren können nur überwunden werden, wenn du dich mit deinem Schicksal anfreundest und es akzeptierst, egal was es für dich vorgesehen hat. Deine Energie sollte im Gleichklang mit der Energie des Universums fließen, um selbst auferlegte Grenzen spielerisch überwinden zu können. Zwischenmenschliche Ablenkungen verhindern das Vorankommen und die Entwicklung der

Seele wird sofort gehemmt. Spüre dich daher immer wieder in dein Tempo des Kraftstromes hinein, denn dies ist eine wunderbare Erfahrung der totalen Wahrnehmung. Diese Intuition ist ein Meilenstein auf dem Weg zum Wissen. So können Korrekturen des Lebensplanes fließend verändert werden, ohne die gefürchteten Stopps in Form von Schicksalsschlägen erleiden zu müssen. Mit der Zeit automatisiert sich dieser Vorgang. Daher wird er nicht mehr mit dem Verstand wahrgenommen. Dies ist der Atmung sehr ähnlich. Sie passiert, ohne ständig daran denken zu müssen oder sie zu beaufsichtigen. Ein wunderbarer Vorgang wird so integriert, dass nur mehr ein minimaler Energieaufwand für die Bewegung notwendig ist.

Viel wichtiger wird dann die Frage, wo diese Bewegung hinführen soll. Soll sie mich nur von der Stelle wegbringen oder ein Ziel anvisieren. Lasse ich mich blind navigieren oder bei schönen Sichtverhältnissen. Bestimme ich das Tempo oder ergibt sich von alleine ein gewisser Rhythmus. Mische ich mich in den Ablauf der Bewegung ein oder akzeptiere ich das was mich erwartet.

Energieflüsse sind für viele Menschen wahrnehmbar. Daher reagieren Feinfühlige schon bevor die Energie zu einer Bewegung wird. Dinge die plötzlich und unvorhergesehen fallen, werden von diesen sensitiven Menschen noch im Flug oder Fall aufgefangen. Vom Unterbewusstsein heraus wird aus einer Ahnung ein tatsächlicher Vorgang. Beim Gedanken an eine bestimmte Person oder einen Wunsch wird eine Energiebewegung in diese Richtung erschaffen, die die Erfüllung sofort folgen lässt durch einen Anruf, einer spontanen Begegnung oder einem Geschenk. Die Wege der Bewegung sind so vielfältig wie die verschiedenen unbegrenzten Möglichkeiten einer Materialisierung von Gedanken.

Spielt man jedoch ständig mit Energiebewegungen, vergeudet man wertvolle Ressourcen des universellen Feldes, die anderenorts für Entwicklung oder Heilung eingesetzt werden könnten. Mit den Jahren verringert sich so beständig die Eigenschutzenergie, die wir zur Aufrechterhaltung der Aura benötigen. Wir setzen uns damit Gefahren aus, die wir nicht einschätzen können, da sie für uns unsichtbar bleiben. Lerne daher für gewisse Stunden für dich alleine zu bleiben, um diesen Krafttank wieder rechtzeitig auffüllen zu können. Danach suche den Kontakt mit Menschen, die dich nicht am Wachstum behindern. Viele heutige Beziehungen schwächen, durch angelernte und übernommene Verhaltensmuster und von Ängsten beeinflusst, die Ankoppelung an das kosmische Energienetz. Eine Vereinsamung und Versklavung ist die Folge davon.

Ein weiteres wichtiges Thema der Bewegungsebene ist die Sexualität. Geschieht sie nicht in vollem Einverständnis beider Partner, sowie in ganzheitlicher Liebe, führt dieser Akt einen stetigen Energieverlust herbei. Besonders die Frauen sind hierfür anfällig, täuschen sie doch oftmals etwas vor, um unbewusst schnell wieder in den Besitz ihrer vollen Energie zu kommen. Bei vielen Wiederholungen unter diesen Voraussetzungen blockiert irgendwann die Energieebene der Bewegung und führt zu massiven Verletzungen der Psyche oder dem endgültigen Bruch mit dem Partner.

Im Kollektiv der heutigen Zeit beginnt mit der neuen Energiewelle ein Aufbegehren gegen diese monotonen Vorgänge, die nur dem Trieb entsprungen sind. Viele der Frauen möchten nun auch ihre Seele miteinbeziehen um aus der gelebten Sexualenergie profitieren zu können und neue Schöpfungsformen hervorzubringen. Die Bewusstwerdung der magischen Rituale der Vereinigung befriedigen dann Körper, Geist und Seele und führen zu dem ersehnten Energieanstieg in Form vollendeter Glückseligkeit.

Aber auch andere Routinehandlungen zerstreuen die Energie in alle Richtungen. Daher wandle ganz bewusst jede Art von Routine in Rituale um, die dich persönlich weiterbringen in deiner Entwicklung und Bewusstwerdung. Deine Bestimmung ist es, dein Wissen zu erweitern um eine schöpferische Energie zu schaffen. Keine erwartete Gegenleistung kann dir hier helfen dein eigenes Unvermögen zu neutralisieren oder zu verhindern. Nur durch die reine Absicht rollt die Energiebewegung gleichmäßig durch dein Leben und verhilft dir sogar beim Bewältigen des Übergangs in eine andere Dimension.

Setzt daher deine Fähigkeiten zum Wachstum immer auch zum Wohle vieler Mitbewohner dieser Erde ein, gleich ob es sich um Pflanzen, Tiere oder Menschen handelt. Steigt der Level der Bewegung, profitieren nicht nur die anderen davon. Du selbst als Initiator kommst wieder in den Genuss der ausgesandten Bewegungsenergie, die wie einem Bumerang gleich, zu dir zurückkehrt. Nun ist diese aber wesentlich feiner und stärker als je zuvor.

Verantwortung und Neugier sind gute Begleiter auf deiner Reise durch die Unendlichkeit des Seins. Gesellschaftsformen werden von dieser Welle und dem Sog, der daraus entsteht, eine Zeitlang mitgerissen, um sie an einen neuen Platz mit neuer Ordnung zu platzieren. Dies nennt man Fortschritt und Freiheit. Das Leben ist ein Geschenk und du hast das Privileg es zu verändern und weiter zu schenken. Dies erfordert aber alle Sinne von dir, um dies perfekt durchführen zu können. Bereichere daher deine Bewegungen mit Stärke und Vitalität: Jeder Atemzug von dir setzt eine neue Form von Bewegung in Gange, die ihren Ausdruck in unserem Universum findet. Neue Arten und Möglichkeiten sind die Chance für unsere Nachkommen, um immer das Bestmögliche herauszuholen und weiter zu suchen und forschen. Viele Geheimnisse warten noch auf uns, um unsere Seelen wieder ganz werden zu lassen.

Die Ebene der neuen Zeit

Zuallererst geht es in dieser Ebene um Gedankenhygiene. Ständige Wiederholungen von Gedankengängen verbinden den Denkenden mit Vorurteilen, Beurteilungen und Interpretationen. Bewertungen schaffen eine Distanz zur feinstofflichen Welt. An sie gewöhnt, fällt es mit der Zeit nicht mehr auf, wie schnell sich dieses Karussell in dir dreht. Prüfe daher immer wieder den aktuellen Stand deines Denkapparates. Erst mit der Standortbestimmung kannst du den Beginn einer Änderung einleiten.

Wie viele andere Gewohnheiten erfasst man die Schwere der Verstrickung nicht mehr richtig. Wiederhole den Befehl eines Stopps immer wieder, falls du bemerkst, dass sich dein Gedankenrad schon wieder dreht. Koppelst du dich von ihm ab, entsteht ein kurzer Moment der Stille. Wiederholst du diese Übung, dann wird diese Pause immer länger. Hilfreich ist es sich auf die Atmung und deren Bewegung zu konzentrieren, ohne mit Wörtern zu denken. Fühle es einfach. Erst wenn der innere Dialog zum Stillstand gekommen ist, hast du die Freiheit in die neue Energie dieser Zeit hineinzutauchen und sie zu empfangen. Die Träume, in denen du dir gleichzeitig bewusst wirst deinen Verstand zu kontrollieren, kannst du dir vor dem Einschlafen herbeiwünschen. Sie sind eine gute Trainingsvorlage für die Gedankenpausen im alltäglichen Leben.

Vieles was du täglich denkst ist völlig überflüssig und tritt auch nicht in dein Dasein. Achtsame Aufmerksamkeit auf Dinge, Gefühle und Tätigkeiten stellen sich als Vorbereitung zur Verfügung, um dies alles zu meistern.

Durch intensives Zusammenleben auf engstem Raum oder selbstgewählter ständiger Gesellschaft und Unterhaltung bist du Lärm und Wortspiele gewohnt. Wenn du dann endlich zur Ruhe kommst, ist das Abschalten nicht einfach. Vermischungen von Energien lassen eine Verunreinigung deines Systems entstehen und verhindern die Beschäftigung mit deinem wahren Selbst. Hier klinkt sich das Ego ein und wird zum Hauptdarsteller in deinem Kopfkino. Gehörte Meinungen und gefühlte Sorgen und Ängste tun ihr Übriges dazu, dass alles in deinem Gehirn überfüllt ist. Kämpfe gegen deine Gedanken nicht an, sondern akzeptiere ihre Anwesenheit, um dich dann von ihnen zu lösen und sie zu verabschieden. Reine Absicht zur stillen Ruhe verhilft den losgelösten Zustand über einen längeren Zeitraum zu erhalten.

Auch wenn es anfangs nicht perfekt gelingen mag, werden die Stopps immer plötzlicher machbar. Betrachtungen von fließendem Wasser, vorbeiziehenden Wolken oder das Erleben eines Sonnenunterganges mit seiner Farbenpracht katapultieren dich von einer Sekunde auf die andere in eine angenehme Zwischenwelt. Auch das Schattenbeobachten, auf zwischen sich im Wind wiegenden Pflanzen starren oder das langsame Bewegen des Körpers, gehören hier dazu. Ähnlich der Tagträumerei in deiner Jugend baut sich aus der Situation heraus ein Kraftfeld auf. Die Wertigkeit des Moments unterliegt dann im Bestreben, diesen Augenblick zu genießen, nichts zu hinterfragen, in dir selbst ruhend. Ein wunderbarer Zustand der Losgelöstheit wird geboren.

Der stabile Geisteszustand, fern von Aufregungen und Ablenkungen, ist ein weiterer Schritt zur neuen Energieform. Er besteht aus der Gewissheit, dass die richtige Ordnung der Energien dir hilft, jede Situation zu bewältigen. Besteht deine innere Welt die Anforderungen der Stille, weicht die Angst davor und schiebt dich automatisch in die wahre Bewusstseinsrichtung. Gleich einem festen Band erlaubt dein Wissen, ohne sich darüber Gedanken zu machen, die Akzeptanz der Unendlichkeit. Der Weg zur neuen Energie ist geebnet und kann von dir nun beschritten werden.

Der Lernprozess, die Wahrheit der Seelenebenen zu verstehen, ist nicht alleine von Ergebnissen abhängig. Auf Energieebene verhilft das verdichtete Feld deiner Eigenenergie zu einer massiven Schwingungsanhebung, die durch das Anrufen von Helfern aus der geistigen Welt unterstützt wird. Dies kann aber nur erreicht werden, wenn der Verstand sich loslöst von den erfühlten Reaktionen des Energiefeldes. Durch Beobachtungen wird eine Quantenfelddichte ermöglicht. Und in der kann und darf alles geschehen, was dich vom grobstofflichen Körperfeld entwickelt. Im Zentrum des energetischen Raumes öffnet sich das Portal um mit dem Kosmos kommunizieren zu können.

Diese Verbindung kann durch einen Code immer wieder hergestellt werden, um nicht alles immer wieder durchlaufen zu müssen. Durch die reine Absicht, verbunden mit einem beliebigen Energiepunkt deines Körpers, verhilft dir diese Ebene jederzeit wieder betreten zu können. Übe daher Druck auf den von dir ausgewählten Punkt aus und beabsichtige den Kontakt mit deinem Willen, dann beginnt die Energie der neuen Zeit in deine Aura zu fließen. Manchmal wird dieser Vorgang von einem kleinen Geräusch begleitet. Dies soll dich jedoch nicht ablenken, denn nur du selbst kannst dies hören. Gleich darauf erhöht sich die Schwingung und führt dich an den Aussichtspunkt der neuen Energieebene. Durch diesen absichtslosen Raum wird dir ein völlig neuer Energielevel zugänglich gemacht, indem viel stärkere Heilungsenergie für dich und den Planeten ermöglicht wird. Dieser Zugang bestimmt nun die neue Ordnung des kosmischen Sternenfeldes.

Das ewige Geheimnis
deines Lebens

In jeder deiner Inkarnationen versuchst du eine Rückerinnerung zu deiner Seelenessenz zu bekommen, um endlich aus dem Rad der Schicksale aussteigen zu können. Viele Versuche scheiterten schon in ihren Ansätzen, manche führten dich auf Irrwege und nicht wenige führten nur zu Teilzielen. Der Grund dafür waren zu wenige Informationen und Möglichkeiten, wie die Verbindung aufgebaut werden soll. Durch die vergangenen Jahrhunderte in niedriger Schwingung verpufften die Energiefelder in der Unendlichkeit der Sternengalaxien. Erst in diesen Tagen, in denen viele Ungleichgewichte in die Waage gerichtet werden, tun sich hochschwingende neue Felder auf. Ist deine Seele reif für den Aufstieg in die nächsthöhere Dimension, fällt dir ein neuer Zugang in den Fokus deines Bewusstseins. Die Anleitung dazu ist ein seit Ewigkeit gut gehütetes Geheimnis, das bisher nur von Meistern, Weisen, Schamanen und Zauberern der alten Welt durch die Verbindung mit starken Erdkraftfeldern genutzt wurde. Nur wenigen Menschen war dies bekannt und möglich.

Die geheime Anleitung für DICH:

Ziehe dich von deinem Alltag an deinen Lieblingsplatz zurück. Er kann in der Natur sein, aber auch in deiner Wohnung, deinem Haus oder im Garten ist er zu finden.

Gehe in die Stille deines Herzens und fühle in dich hinein, wie deine Atmung die Zellen deines jetzt inkarnierten Körpers mit Sauerstoff und Energie versorgt. (Manchmal ist ein leichtes Prickeln zu fühlen.)

Bitte um die Ankoppelung zu deiner Urseele außerhalb unserer Erde. Stelle dir dazu ein Energieband vor das wie ein Lasso in die Unendlichkeit geworfen wird. Mit dem Gefühl des Andockens an deine Urseele gehst du mit deiner Wahrnehmung wieder zu dir zurück.

Richte nun den Fokus auf deinen Verstand und befiehl ihm die konzentrierte Vorstellung eines sehr hellen Lichtes, um die Gedanken zu stoppen.

Lasse aus dieser Lichtquelle einen Strahl entstehen, den du beliebig lenken kannst, ähnlich einer Taschenlampe in deinen Händen.

Lenke mit Achtsamkeit diese Energiebewegung auf dein Herz und erfülle es mit einer Helligkeit. Suche darin den Seelensplitter, der dich seit deiner Geburt in diesem Leben begleitet und nimm ihn mit seiner strahlenden Existenz wahr.

Ein neu entstehender Lichtstrahl, kommend von deinem Herzen, auf die Urseele gelenkt, verbindet deinen Seelenanteil mit deiner ganzen Urseele. Dadurch schenkt er dir eine Verbindung, die vieles in deinem Leben erleichtert und manches Negative abwehrt, was gerade im Kommen war. Ohne dich deines Verstandes zu bedienen, agiere aus dem Gefühl der Verbindung.

Bitte um die Verschmelzung dieser Lichtbrücke und ziehe deine Aufmerksamkeit wieder zu dir in die Gegenwart.

Verbinde dich täglich einmal mit deinen ursprünglichen Seeleninformationen, indem du einen pulsierenden Lichteffekt durch diese, nur für dich nutzbare, Leitung lenkst. So hältst du diese sichere Verbindung immer aufrecht und intakt. Hier entstanden einst die Inhalte deiner Urseele mit deinen Talenten, Schicksalen und Möglichkeiten.

Seit ewiger Zeit warten deine inkarnierten Seelenanteile wieder in ihr Heimatfeld der ewigen, göttlichen Essenz zurückkehren zu können, damit sich der Kreis der Inkarnationen auch für dich endlich schließen kann. Denn das Geburtsrecht deiner Seele ist die ewige Vollkommenheit, das ICH BIN.

Führst du dieses Ritual regelmäßig durch, erwartet dich ein friedvoller Umgang in deinem Alltagsleben. Bessere Lösungen für unverständliche Situationen in deinem Leben und die Akzeptanz, dich selbst jeden Tag glücklich zu machen. Neue Begegnungen mit gleichgesinnten Menschen vervollkommnen deinen Tag. Auch in den Nächten braucht sich dein Unterbewusstsein mittels Träumen nicht mehr so oft melden und ein ruhiger, ausgeglichener Schlaf vervollständigt deine Gesundheit. Der neue Zyklus der Schwingungsanhebung wird leichter integrierbar und kann vom Körper mitgetragen werden, ohne die belastenden Aufstiegsprobleme wie Kopfschmerzen, Gliederschmerzen, Schwindel und undefinierbare Symptome. Das Gleichgewicht im energetischen Wachstum ist dann gegeben und kann mit Freude von deinem Ich akzeptiert werden.

Wir sind Gestalter unserer Zukunft

Mit der Kraft der Gedanken wird unsere Zukunft geformt. Die Richtung dafür gibt das morphogene Feld vor, dass vom Kollektiv bestimmt wird. Viele von uns Menschen leben leider nicht selbstbestimmt sondern schließen sich der Mehrheit an, um nicht selbst entscheiden zu müssen. Daher wird es erst hinterfragt, wenn die Weichen bereits gestellt wurden. Ein spätes Erwachen führt zu Frust und Unruhe und ist für die Gesundheit der Seele nicht förderlich. Schwimmt man aber rechtzeitig gegen den Strom und fühlt sich immer alleine damit, kostet es auch viel Kraft und Energie. Ein Mittelweg dazu wäre das ideale Maß der Dinge. Doch wie sieht dieser dann aus?

Um die Situation richtig zu verstehen sind noch ein paar Erklärungen dazu notwendig, um eine Seelenentwicklung nachvollziehen zu können. Der Aufstieg der Seele hängt von den Geschehnissen und dessen Umgang ab. Es ist nicht wichtig für die Seele was passiert, sondern wie der Mensch damit zurechtkommt. Werden Lösungen gefunden bei denen man ständig Kompromisse eingeht, ist es nicht der richtige Weg. Erst ein Begreifen, was die Information für dich enthält die dahinter steht, lässt dich Schritte in die richtige Richtung machen. Anschließend kann durch Annahme (nicht durch Konfrontation) die volle Energie für das Durchhaltevermögen eingesetzt werden. Ist der Vorgang integriert, wird das Leben keine Personen oder Situationen mehr einsetzen, um dir einen Spiegel vorzuhalten. Tauchen aber noch immer Emotionen in Gedanken dazu auf, wirkt die Resonanz des Unterbewusstseins nach. Daher wäre es wünschenswert, auch diese rechtzeitig, ohne äußeren Auslöser, anzusehen und zu verstehen.

Bei gewissen Planetenkonstellationen in unserem Universum wirken diese Kollektivfelder zu bestimmten Zeiten wieder auf uns ein. Doch diese haben nach dem Auflösen nicht mehr die Macht, neuerliche Prozesse auszulösen. Sie dienen der Beobachtung und warnen vor denen, die noch mitten in diesem Prozess stehen. Ein Ausweichen der Gesellschaft an diesen Tagen ist sinnvoll und energiesparend. Ist dies aber nicht möglich, durch Arbeit oder Verpflichtungen, kann der persönliche Widerstand so reduziert werden, dass kein Angriff an das Selbst möglich ist. Dies wäre die Königsdisziplin der Seele und die Schatzkarte für den mittleren Weg. Nicht immer fällt es leicht ihn zu gehen, da sich der Verstand mit seinem Ego schnell dazwischenschaltet und mit falschen Wegweisern in die Irre führt. Erkennst du dies aber, sind nur ein paar Schritte zurück notwendig und das Vorankommen gesichert. Das Ziel niemals aus den Augen zu verlieren stärkt dich auf dem Seelenweg des Aufstieges. Berührt dich dieser Weg trotz Behinderungen und Verzögerungen, dann verhilft dir diese innere Emotion zu einem schnelleren Vorwärtskommen. Darunter ist nicht eine Treppe zu verstehen, die dich in höhere Etagen führt, sondern die Abwicklung von alten Schichten, die deinen Seelensplitter behindern und zurückdrängen, bis du vergisst, wer du einmal warst.

Durch das Freilegen von Schichten der Angst, der Verhaltensmuster und materiellen Wünschen entwickelst du Lage für Lage und erfreust dich an der immer stärker werdenden Leuchtkraft dieses inneren Diamanten. Getrieben von dem Abenteuer deines Lebens drängt dich dein Inneres dazu, niemals aufzugeben. Bist du bereits auf diesem Weg, wenn du dies liest, dann verspürst du wie ich den Wunsch, andere Menschen an diesem Vorgang teilhaben zu lassen und gemeinsam ein Stück dieses Weges zu gehen.

Ob du davon in einer ruhigen Minute erzählst oder noch besser vorlebst und dadurch Fragen bei anderen Menschen auftauchen, ist nicht der wichtigste Teil davon. Viel mehr noch profitierst du und der Fragende, wenn du sie beantwortest und ihn teilhaben lässt, an deinen Erfahrungen. So verbindet ihr euch mit dem Kreislauf des Lebens, fern von allem, was beim Heimgang des inkarnierten Seelenanteils nicht mitgenommen werden kann. Manche erkennen dies erst im hohen Alter, aber vermehrt fasziniert dieses Wissen heute junge Menschen. Sie erkennen sehr schnell, was Bestand hat und was nicht. Daher wenden sie sich oft von den Zielen des materialistischen Lebens ab und begnügen sich mit einfachen Dingen. Gehen durchs Leben ohne Ballast und Verwaltung von Sachgütern. Sie kennen daher auch keine Verlustangst, weil sie achtsam in der Gegenwart leben und sich nur für Natur und Reinheit unseres Planten für die Zukunft einsetzen. Auch sie braucht unsere Seele, um das Gleichgewicht der Welten zu bewahren. Jeder von unseren Lebewesen ist gleich wichtig, da wir alle miteinander verbunden sind.

Dies zeigt umso mehr die aktuelle Lage dieser Zeit.

Wir müssten uns glücklich schätzen diese Erfahrungen derzeit zu durchwandern, da in ihnen viele Erkenntnisse und Schätze verborgen sind. Stattdessen richtet sich unsere Energie auf die vermeintlichen Gegner, weil sie manchmal anderer Meinung sind. Doch eines dürfen wir nie vergessen: Wir werden weiterhin gemeinsam auf diesem blauen Planeten leben und die Wechselwirkungen unserer Verschiedenheit leben müssen. Daher bringt es nichts, uns gegenseitig Verletzungen zuzufügen und Recht haben zu wollen. Große Chancen ergeben sich durch Respekt vor anderer Meinung und das Suchen von Lösungen, mit denen alle klarkommen. Angelerntes Niveau kann schnell in Tiefen stürzen, wenn wir uns mit einem Gegner messen möchten. Und ein Kampf dient nur der Seite, die sich vom Licht abgewandt hat. Es verbraucht Unmengen von Energie, die andererseits sinnvoll eingesetzt werden könnte. Beende so oft es geht Streitigkeiten. Mit Abstand gesehen sind sie es ohnehin nicht wert dafür wertvolle Ressourcen zu verbrauchen.

Die Zeit und das Vergessen

In gewissen Abschnitten des Lebens festigt sich eine Einstellung zu manchen Themen wie in Stein gemeißelt. Um nicht als wenig standhaft betitelt zu werde, verteidigt man auf Biegen und Brechen diese Sichtweise, obwohl es sich abzeichnet, dass unsere Entwicklung bereits vorangeschritten ist. Das Gesicht zu wahren ist eine der Errungenschaften dieser Gesellschaft, koste es was es wolle. Doch hinter der Fassade der Verteidigung sieht es schon ganz anders aus. Durch das permanente Standpunkt halten verbiegt sich der Mensch. Dies kostet ihm jede Menge Energie, die von seinem Kraftkonto unbemerkt abgebucht wird. Folgen wie Abgeschlagenheit, Müdigkeit und Desinteresse wird daraufhin schnell als Burnout diagnostiziert, ohne den wahren Grund zu erkennen. Eine schulmedizinische Behandlung ohne die Seelenkorrekturen ist in den seltensten Fällen erfolgreich. Eher gleichen die Behandelten zombieähnlichen Kreaturen, da die verordneten Medikamente sie betäuben und weit weg von dem eigenen Ich bringen.

Auch eine andere Sichtweise sollte nie vergessen werden. Vor langer Zeit waren unsere Seelen in anderen Inkarnationen verstrickt. Was wir heute so vehement verteidigen, verurteilten wir vielleicht vor Jahrhunderten und luden Schuld auf unser damaliges Leben. In diese Kategorie fällt auch ein großes Thema unserer aktuellen Zeit. Wer an die Wiedergeburt glaubt, die in vielen Religionen fix verankert ist und war, der kann sich vorstellen, schon in vielen verschiedenen Ländern gelebt zu haben. Seelen, mit denen wir heute Probleme haben, waren damals unsere Verbündeten oder nahe Familienmitglieder. Das Land in dem wir in der Gegenwart die Liebe zur Heimat fanden, könnte früher ein verachtetes Land mit vielen Kriegsgegner gewesen sein. Spinnt man diese Gedanken in unser Netz aus Glaubensvorstellungen, dann erscheint es nicht unmöglich, dass heutige Flüchtlinge einmal unsere ehemaligen Nachbarn und Freunde waren. Wie anders sieht da plötzlich unsere Einstellung aus. Vielleicht wäre dies eine große Chance, mit der heutigen Hilfsbereitschaft vieles an Verbrechen und Schuld wieder gutzumachen?

Verurteile diese Gedanken nicht gleich wieder mit einer politischen Einstellung. Auch diese Sichtweisen haben sich schon so oft in deiner Seelenlandschaft verändert. Wer will schon wirklich wissen, was wir einmal waren und welche Auswirkungen unser Tun von vorherigen Leben uns heute noch immer beeinflusst? Richte dich aber jetzt nicht dafür, sondern lenke deinen Energiestrahl auf dein jetziges Tun. Nur dies ist entscheidend. Was einmal wahr kann man niemals ungeschehen machen, doch vieles mit guten Absichten und Taten wieder ausmerzen und ins Gleichgewicht bringen.

In einer unruhigen Zeit wie dieser ist es nicht immer einfach überhaupt eine Sichtweise zu finden, mit der man als Person und Verantwortlicher von Familie, Arbeitnehmern und Schutzbefohlenen immer klarkommt. Die positive Absicht, es für alle fair und verträglich zu machen, genügt aber um die schnellen Veränderungen im Außen auszugleichen und immer das Beste herauszuholen. Bleibe daher im positiven Bereich, ohne anderen Schuld zuzuschieben oder sie gar zu verurteilen. Ansonsten dreht sich dein Seelenrad noch einige weiter Runden in der bewegten Seelenlandschaft.

Was falsch läuft in deinem Leben

Vieles läuft falsch. Normalerweise musst du dich doch darum kümmern und versuchen deine Energiewaage wieder auszubalancieren.

Fange immer bei dir an, um dies zu vermeiden. Du bist mit allem geboren worden, was du in deinem ganzen Leben brauchen wirst. Erkenntnisse deines Selbst haben nichts mit Handlung im Außen zu tun. Sondern mit deiner Innenschau auf dein Wissen, tief in dir verborgen. Bevor du dich nicht wirklich kennst, den Platz vom Sitz deiner Erfahrungen, brauchst du dich nicht um andere zu kümmern oder Veränderungen herbeiführen. Entscheide nur für dich, lese die mitgegebene Gebrauchsanleitung für deine ideale Lebensführung um die bestmöglichen Ergebnisse zu erzielen. Lerne sie an dir selbst anzuwenden. Nimm dir dafür Zeit, ansonsten verkürzt sich deine Lebenszeit ganz dramatisch. Sie verwandelt sich in eine Wartezeit auf den Tod. Menschen, die sich nie die Zeit nahmen, sich mit dem Selbst zu beschäftigen, kleben bei einer Verletzung des Körpers das Pflaster auf den Spiegel. Sie wandeln schwankend auf einer runden Erde, die sich auch noch ständig dreht. Dies erfordert ihre gesamte Aufmerksamkeit.

Ihre Leistung entspricht dem heutigen Gesellschaftsstandard, jedoch nicht der Anforderung des spirituellen Entwicklungsweges. Bringe daher endlich Klarheit in deine Seelensicht. Auch wenn es anstrengend wird, vertraue auf die mitgebrachte intuitive Weisheit. Sie äußert sich anfangs in dem Wissen, wie man atmet, wie man Laute von sich gibt, wie man isst und schläft. Grundbedürfnisse, wie diese und vieles darüber hinaus, hast du in dieses Leben mitgebracht, ohne dass es dir wer vormachen musste. Jeder Mensch hat fünf Sinne, die er einsetzen kann wie es ihm beliebt. Sie kümmern sich um das gerade geborene Kind und verhindern, dass dieser neugeborene Mensch die Brust der Mutter mit dem Ohr oder dem Auge sucht. Der Säugling verfügt über das instinktive Wissen mit dem Mund die Brustwarze der Mutter zu suchen und daran zu saugen und daraufhin auch zu schlucken. Dies ist das innere Wissen für die überlebenswichtige Nahrungsaufnahme.

Weitere zwanzig Jahre später verhilft dieser innere Sinn Gefahren im Vorhinein zu erkennen und zu verhindern. Oder zu ahnen, was in den nächsten

Minuten passiert. Auch das Fühlen von Emotionen gehört dazu, selbst dann, wenn von anderen Menschen versucht wird, sie zu verbergen. Begibt man sich in heilkundige Hände können sogar Krankheiten erkannt werden, ohne Apparate oder Maschinen.

Starte jetzt mit deiner persönlichen Spurensuche. Arbeite dich wie ein Detektiv durch ersichtliche Beweise und unsichtbare Gewissheit. Dies ist der richtige Weg um wirklich am Leben teilzuhaben. Alles andere ist wie eine gutgemachte Show. Irgendwann ist sie aber zu Ende und was dann? Besuchst du die nächste Show oder möchtest du jetzt hinter die Kulissen schauen? Vertraue deiner Neugier, sie ist wie ein Plan im Dschungel des Wahrnehmens. Wie ein Licht, dass dir leuchtet, bis du selbst zum hellen Schein wirst. Erst dann siehst du alle versteckten und vermüllten Lebensräume. Jetzt ist es ein leichtes dich an die Arbeit zu machen. Auch ohne Betriebsanleitung wird es dir möglich den größten Glanz deines Seelendiamanten herauszuputzen, damit er wieder strahlen kann.

Stehst du noch in der Warteschlange?

Überall im Alltag bilden sich Warteschlangen, beim Arzt, den Behörden, beim Stau auf den Zufahrtsstraßen und Autobahnen oder im Internet, wenn das Netz durch die vielen Daten überbeansprucht wird. Dies alles ist dir bewusst und du erkennst den Sinn oder Unsinn darin. Nicht vergleichbar ist jedoch eine andere Art dieses Vorganges, die sehr viel Raum und Zeit in deinem Leben beansprucht.

Manche von uns warten auf Gelegenheiten, auf Glücksfälle im Alltagstrott. Andere warten auf Zuspruch, Anerkennung, Liebe oder Entscheidungen. Nicht wenige von uns Menschen möchten einfach nur gebraucht werden, da sie sich so alleine und unnütz vorkommen. Wenn es im Leben auch viel auszuhalten gibt, so hilft hier sicher nicht, auf bessere Zeiten oder Gelegenheiten zu warten. Sich der Selbstverantwortung bewusst zu werden kann diesen Vorgang in Glück und Zufriedenheit verwandeln. Einfach zu leben, ohne die Tage mit Erwartungen vollzustopfen. Qualvolles Ausharren auf das Ende des Sturmes hat noch niemanden die Angst vor Unwettern genommen.

Warten bedeutet aber Lebenszeit zu vergeuden. Erst wenn man bei Erkrankungen des Körpers auf die Gesundheit wartet, versteht man diese Lebensweisheit. Alles was in unserem Leben beschränkt zur Verfügung steht, wird von Einzelnen daher durch seine Emotion bewertet. Vom gefürchteten Warten bis zur extremen Langeweile ist hier jede seelische Verfassung enthalten. Ungeduldig oder beherrscht warten hat viel mit der sogenannten Selbstkontrolle zu tun. Das gilt auch für bereits gemachte Erfahrungen. Sie sind dafür verantwortlich, ob die wartende Person positive oder negative Ergebnisse mit dieser Situation in Zusammenhang bringt.

Das Machtgefüge oder die Gleichgültigkeit dem Wartenden gegenüber kann einzig die veränderte Sichtweise bringen.

Beim Warten auf unbestimmte Dinge und Zeitspannen verliert sich der Mensch durch die Unterbrechungen des Zeitflusses. Doch daraus entstehen Lösungseinfälle oder sogar neue Ideen. Eine große Chance birgt dieser alltägliche Vorgang, um Zeit mit sich selbst zu verbringen. Auch Hoffnung auf zukünftige Ereignisse beinhaltet diese Tätigkeit und eine unstillbare Sehnsucht auf Antworten. Diese Betrachtungen unterliegen meistens einem Zwang, statt einem sinnvollen Nutzen. Ohnmächtig darf man abwarten, was das Schicksal uns aufzwingt. Oder doch nicht?

Fast keiner bemerkt die daraus resultierende Entschleunigung. Wer innehält bekommt das Geschenk einer Pause. Und die ist in unserer schnelllebigen Zeit sehr gefragt. Eine weitere dabei aufgetauchte Zugabe ist die Achtsamkeit der Gegenwart. Der Zauber der unverplanten Minuten erinnert uns an Freizeit und die als Kind geliebte Tätigkeit, in der Phantasie Luftschlösser zu bauen. Resultierend aus dieser Wartekultur erinnert sich der Mensch, das Glück im Warteprozess zur Vorfreude zu erlangen. Diese verlängert das angenehme Gefühl bis zum Eintreffen.

Die Erwartung ist daher verwandt mit dem Warten auf Dinge oder Situationen, die noch nicht eingetreten sind. An denen du zweifelst oder ihnen sogar misstraust. Eine Lösung dem entgegenzusteuern ist dem Leben zu vertrauen. Die Bedürfnisse in die Hände der Erfahrung zu legen, die das Universum für dich bereithält. Keine Forderungen mehr zu stellen, einfach ohne Ansprüche auf die zukünftigen Ereignisse einzugehen. Beschwerdefrei das Dasein meistern. Dadurch verbindest du dich wieder mit dem Energiefeld, in dem die Liebe wohnt. Sekunden und Minuten des Nichtstuns enthalten einfach alles an Informationen. Das Denken verbindet dich immer nur mit einem Teil davon und spaltet dich vom Allwissen ab. Irrwege des Verstandes werden hier von Gedanken- und Verhaltensmuster genährt. Sie gaukeln dir eine Scheinwelt vor, die du selbst irgendwann gestaltet hast. Freiheit bekommst du nur durch eine rapide Unterbrechung der Gewohnheiten. Sie führt dich wieder auf den wissenden Pfad deiner Seelenlandschaft.

Inspiration und Schöpfung sprudeln nun wieder wie eine Quelle durch deine Meridiane und das Warten hat endlich ein Ende gefunden.

Bestimme dein Seelenalter?

Anhand deiner Lebenseinstellung kannst du dich einordnen in das Seelenalter. Als Unterscheidung dienen die folgenden Annahmen eines Seelenzustandes im Jetzt. Treffen alle genannten Punkte auf dich zu, dann bis du bereits eine gereifte Seele. Kannst du bei einigen zustimmen, hast auch du schon viele Seelenerfahrungen gemacht. Findest du dich allerdings bei weniger als fünf wieder, gehst du den Weg einer noch sehr jungen Seele.

Um vorweg noch eines richtigzustellen: Das Seelenalter hat nicht ausschließlich mit der Anzahl der gelebten Inkarnationen zu tun, sondern mit den dabei gemachten und integrierten Erlebnissen. Ähnlich der Prüfungen in der Schule steigt der Schüler beim Bestehen dieser in die nächste Klasse auf. Maßgeblich dabei ist also wie die Seele etwas bewältigt. Nicht die Besonderheiten der Ereignisse sind es, die wir durchleben, sondern die Art und Weise, wie wir an sie herangehen und einer Lösung zuführen.

Eine vollständige Listung dieser Annahmen ist nicht möglich, da sie kulturabhängig und länderübergreifend sich darstellen, doch die wichtigsten Punkte, die für alle Länder und Völker gleich sind, werden hier angeführt:

* **Du übernimmst die volle Verantwortung für dein Leben.**
Kein anderer Mensch oder keine Situation ist schuld, wenn du deine Erfahrungen machst. Sie sind lediglich dein Spiegel auf noch unerfüllte Lernprozesse. Niemand anders trägt Schuld für Unfälle, Erkrankungen, Arbeitslosigkeit oder Abhängigkeiten. Finanzielle Engpässe oder Streit haben immer mit deinen Einstellungen zu tun. Das was du ablehnst oder mit dem du nicht klarkommst offenbart sich im äußeren Umfeld von dir durch diese Vorkommnisse. Ausgesendete Resonanzfelder werden durch eine Spiegelung wieder zurückreflektiert.

* **Du kannst nicht bewusst lügen.**
Ausnahmen sind unbewusste Verdrehungen der Wahrheit bei belanglosen Geschehnissen.

Dein Wohlfühlen erreichst du nur mit der ungeschminkten Wahrheit, ansonsten drückt dein schlechtes Gewissen und veranlasst dich zur Richtigstellung der Tatsachen.

* **Du kannst verzeihen.**
Im Inneren ist dir klar, dass du verschiedene Vorfälle in deinem Leben niemals vergessen wirst. Deine Einsicht verlangt aber, sich von den Gegebenheiten zu lösen, damit du sie nicht dein ganzes Leben mit dir mitträgst. Dies erreichst du, indem du verzeihst. Somit gibst du die Energieteile dem Anderen zurück, die niemals zu dir gehörten. Auch wenn dein Verstand nicht versteht, was wirklich Anlass und Problem zu dieser Auseinandersetzung waren, löst du dich aus dieser Verbindung und erhältst somit dein volles Energievolumen zurück.

* **Du siehst in allem die Schönheit.**
Tatsächlich findest du mit jedem Blick deiner Augen die natürliche Grazie und die wunderbaren Seiten durch deine Betrachtungsweise. In vielen noch so kleinen Bildern offenbart sich

dir eine klare Schönheit. Auch wenn es sich um Dinge, Tiere oder Personen handelt, wo andere Menschen sich abfällig darüber äußern, eröffnet sich dir eine Welt der Harmonie und des Liebreizes. Feinheiten und Ebenmaß werden von dir in verborgenen Ausschnitten wahrgenommen und bringen es zum göttlichen Ganzen. So darf ein ganzheitliches Bild entstehen und das Erlebte wird dadurch in der Seele integriert.

✳ **Du ziehst Lebewesen magisch an.**
Viele Menschen, aber auch Tiere und Pflanzen fühlen sich in deiner Gegenwart sehr wohl und suchen deine Nähe. In deinem Aurafeld schaffen sie es, sich ohne Verkleidungen und Verbiegungen zu präsentieren. So zu sein, wie sie wirklich sind, ohne sich unterordnen zu müssen oder verletzt zu werden. Sicher und geborgen in deiner Nähe, befreien sie sich von angelernten Verhaltensmustern und gesellschaftlichen Zwängen. Sie sind von deiner authentischen Lebensweise inspiriert und versuchen es dir gleich zu machen, um zu sich selbst zu finden.

* **Du hast Mitgefühl mit allem was ist.**

   Dein Denken und Tun wird nicht vom Mitleid geprägt, wie bei vielen anderen Lebewesen. Dadurch schützt du deine Seele vor Erfahrungen, die nicht für dich bestimmt sind. Verständnis für andere, egal wie weit sie entwickelt sind, zählen zu deinen besonderen Fähigkeiten. Schwingungen des Mitgefühls bringen die emphatischen und intuitiven Seiten in dir zum Klingen. Sie dienen dazu, ohne Schmerz und Irrwegen den Weg deiner Seele zu gehen und Erfahrungen zu sammeln, die wie Schätze behütet werden. Dadurch entsteht kein Energieverlust und die Sympathie deiner Mitmenschen ist dir sicher, denn auf dich kann man sich in jeder Lage verlassen.

* **Du setzt dich für Positives ein.**

   Im Gegensatz zu der breiten Masse bringst du dich für die guten Geschehnisse ein. Selbst diejenigen, die Fehler gemacht haben oder sich am Leben anderer vergriffen haben, sind für dich nicht verloren. Auch in ihnen kannst du die zwei Seiten einer Medaille erkennen. Gutes wie Böses gehören zu den Erlebnissen einer Seele. Da dir dies bekannt ist durch die vergangenen Leben, siehst du in den Taten den Ausgleich des Dharmas. Eine Verurteilung ist durch diese Sichtweise nicht mehr möglich, lediglich ein Bedauern, dass diese Seele den schweren Weg der eigenen Verurteilung erleiden muss. Durch ein Gebet oder unterstützende Worte wünschst du auch diesen Menschen die Möglichkeit, eine geänderte Einsicht zu erlangen. Auch wenn du die Täter betrachtest, verurteilst du sie keinesfalls, denn sie werden im nächsten Leben die Opfer sein. Von dir werden alle menschlich und respektvoll behandelt, ohne sie zu erniedrigen oder zu diskriminieren.

* **Du kannst Lebenseinstellungen ändern.**
Ohne das Gesicht zu verlieren kannst du bei Bedarf durch erworbene Lebenserfahrungen deine Meinung ändern. Nichts ist von dir ewig ein Stein gemeißelt. Gemachte Begegnungen können deine Sichtweise erweitern und daraus wird ein neues Resümee gewonnen. Dies dient wiederum als Grundlage für neue Bekenntnisse. Durch das ständige Dazulernen eröffnen sich weitere Perspektiven. Ganzheitliche Prozesse werden sofort integriert. Mit

ihnen ist es möglich, ohne langwierige Erfahrungen an neues Wissen zu gelangen.

✳ **Du bist mit dem Wissen verbunden.**
Schon seit langem greifst du auf dein inneres
Wissen zurück. Unbewusst wurde deine Verbindung zur Akasha-Chronik wieder geöffnet
und steht dir in vollem Umfang zur Verfügung.
Dadurch fragst du selten jemanden um Rat.
Erst setzt du dich mit dir auseinander, stellst
dir Fragen und wartest auf die Antworten. Immer wieder kommt es vor, dass sie sich schon
bald durch deine äußere Welt zeigen und dir
weiterhelfen auf deinem Weg. Dein Energi-
eniveau bleibt dadurch stabil und gefestigt.
Vertrauensvoll blickst du in die Zukunft, denn
die Gewissheit, dass alles in dir bereits vorhanden ist, stärkt deine Gewissheit auf das ewige
Leben deiner Seele.

✳ **Dir sind materielle Dinge nicht wichtig.**
Geld, Macht und Besitztümer sind für dich
nicht wirklich wichtig. So nebenbei versuchst
du einen gewissen Standard zu erreichen, der
dir die Möglichkeit bietet, sich damit nicht

mehr beschäftigen zu müssen. Durch diese Voraussetzung kannst du nun deine Aufmerksamkeit und Ziele auf die nicht sichtbaren Dinge richten. Gefühle und positive Emotionen sind die wirklich erstrebenswerten Ziele deines Lebens. Alles, was deine Seele in die nächste Inkarnation mitnehmen kann, rückt in den Fokus deiner Bestrebungen. Umso besser für dich ist es, wenn du auch andere Menschen und Lebewesen dieser Erde daran teilhaben lassen kannst. Diese befriedigende und erfüllende Tätigkeit beflügelt dich immer weiter daran zu arbeiten und an eine bessere Welt zu glauben, da sie in deiner Vorstellung bereits existiert. Deine Gedanken haben schon längst diesen Weg eingeschlagen.

✳ **Du lebst deine Berufung.**
Nun ist es dir immens wichtig, nicht nur die Freizeit damit zu verbringen, anderen zu helfen. Wenn du nicht schon längst deine Einstellungen im Beruf auslebst, bildest du dich weiter, um baldmöglichst dahin zu kommen. Die tägliche Arbeit empfindest du als Bereicherung und Dienst an der Allgemeinheit. Kreativ bringst du dich ein, um eine bessere Welt zu

erschaffen. Kleine Rückschläge animieren dich dazu noch mehr in diese Richtung zu gehen. Das Gefühl, von der geistigen Welt unterstützt zu werden, begleitet dich schon sehr lange. Du lebst das, was du denkst und fühlst, ohne Kompromisse.

✳ Sex ohne Liebe gibt es für dich nicht.
Der Ausdruck deines Körpers schwingt in allen Tätigkeiten in der Energie der Liebe. Sexuelle Begegnungen, die nur auf einen Höhepunkt abzielen, sind für dich nicht erstrebenswert. Für dich ist eine Vereinigung mehr als ein Augenblick. Sie ist die Fortsetzung deiner Empfindungen auf der körperlichen Ebene. Ein Akt ohne Liebe zu fühlen ist wie wenn du dich von Fastfood ernährst. Abhängigkeiten können dadurch entstehen, die dich immer zu einem weiteren Erleben zwingen. Dieser Kreislauf kann dann selten ohne Hilfe durchbrochen werden. Bleiben wird ein schaler Geschmack und die Erkenntnis, dass dies keine Bereicherung ist. Erst wenn das Erleben nachklingt und die Welt daraufhin schöner empfunden wird, kann sich daraus wieder etwas Neues entwickeln und wachsen. Zwischenmenschliches

Empfinden wird zum Positiven verändert und verbindet auch über diese Gewohnheiten hinaus.

✳ **Du bist gerne allein.**
Nicht zu vergleichen ist das Alleinsein mit Einsamkeit. Gerne alleine sein zeigt sich in einem natürlichen Rückzug von der Öffentlichkeit, um Erlebtes anzusehen und zu integrieren. Auch zum Auftanken von Energie ist es vorzüglich geeignet. Neue Standpunkte und Sichtweisen können so einer privaten Prüfung unterzogen werden, ohne bewertet zu werden. Kreativität wird dadurch gefördert, um das Selbst wachsen lassen zu können. Die Auseinandersetzung mit den eigenen verschiedenen Aspekten und Selbstbestimmungen fördern das Selbstbewusstsein in hohem Maße. Einsamkeit dagegen ist der unfreiwillige Ausschluss der Gemeinschaft und daher trennend von den eigenen Energien. Ohne soziale Kontakte geht er Mensch ein wie eine Blume ohne Wasser. Auch wenn er später wieder eingegliedert wird, hinterlässt diese Trennung Spuren in der Seele.

✳ Du möchtest ständig dazulernen.
Alles, auf das du aufmerksam wirst zu gewissen Themen um das Leben, wird von dir gelesen und erfahren. Ganzheitliche Themen über die Lebensführung, andere Sichtweisen über Religionen, alternative Heilweisen oder das Wissen über die Seele und den Kosmos faszinieren dich. Ständig suchst du neue Wege, um mehr darüber zu erfahren. Ahnenaufstellungen oder Energietechniken finden deinen Anklang, indem du Seminare besuchst oder du suchst Kontakt mit kundigen Heilenden. Diskussionen über soziale Medien, Fernsehen und Kinofilmen runden deine Neugier ab. Doch eine innere Unruhe zwingt dich fast dazu, immer mehr zu erfahren und es auch selbst in deinem Leben manifestieren zu können. Der Austausch mit gleichgesinnten Menschen ist dir ein persönliches Bedürfnis geworden. Früher eher widerwillig, lernst du nun bereitwillig ständig dazu. Hinterfragungen weichst du nicht mehr aus, sondern stellst dich auch unangenehmen Diskussionen. Diese neue Lebensführung bist du auch bereit zu verteidigen, da du den Wahrheitsgehalt spürst.

✳ Du weißt, dass alles vergänglich ist.
In dir schlummert die Gewissheit der Vergäng-
lichkeit. Schon seit langem hast du erkannt,
dass nur aus zeitlich begrenztem Dasein das
Neue entstehen kann. Alles was gestern war,
wird heute abgelöst und darf sich wieder neu
weiterentwickeln. Dies dient als Nährboden
für das was kommt. Alles was vergänglich ist,
beinhaltet aber das gesamte Wissen des Universums. In jedem noch so kleinen Lebewesen
ist die Struktur des Lebens enthalten. Sie kann
immer wieder erweckt werden, auch wenn sie
dann eine andere Form annimmt, anders aus-
sieht oder andere Charaktere annimmt. Stillstand bedeutet Tod; Bewegung zum nächsten
Leben hin kann nur durch das Loslassen erreicht werden. Die Belohnung dafür ist der Teil
in jedem Lebewesen, der ewig bleibt, die
Seele.

Du bist ein wichtiger Teil des Weltalls. Solltest
du annehmen, dass dein Leben unbedeutend ist,
hast du das Universum mit seinen Gesetzen nicht
ganz verstanden. Erst wenn dich die Gewissheit
durchdringt, dass ohne dich alles anders gekommen wäre, alles in eine neue Bahn gelenkt würde,

hast du es wirklich verstanden. Dieser Teil des Verstehens ist der Schwerste für deine Seele. Unser Verstand kann es nicht begreifen, doch dein Herz öffnet sich auch für diese Art von Erfahrungen. Anfangs bedrückt diese Erkenntnis, doch später gibt sie dir das, was als Essenz der Seele benannt wird. Die Gewissheit, ewig in anderen existierenden Formen zu sein, die wir uns nicht vorstellen können. Schon der Begriff der Zeitlosigkeit ist für viele von uns schwer vorstellbar. Dann noch die Vorstellung, auch in anderen Paralleluniversen gleichzeitig zu existieren, überfordert jeden von uns. Weitere Existenzen von universellen Feldern werden aber von uns Menschen gesucht und gefunden. Die Beweise sind für den nicht in astronomischen Tätigkeitsbereichen aber unglaubwürdig, da er sie nicht nachvollziehen kann.

Was aber noch vor wenigen Jahrhunderten wenig angezweifelt wurde geht in unserer vorwiegend sichtbaren materiellen Welt wieder unter. Früher setzten sich die Menschen mehr mit diesen Naturphänomenen auseinander, da von ihnen ihr Leben bewahrt und beeinflusst wurde. Heute ist der Zugang nur mehr den Menschen vorbehalten, die diese Berufung leben. So vieles in unserer Gegenwart vereinnahmt uns so sehr, dass keine Zeit mehr übrig bleibt, um uns mit den essenziellen Dingen unseres Ursprungs und Glaubens auseinandersetzen zu können und diese zu erforschen. Immer mehr Menschen finden aber wieder Zugang in diese Sphären des nicht Sichtbaren. Ihre Neugier treibt sie an und die Gewissheit, dass es noch viele verborgene Seiten gibt, die entdeckt werden möchten.

Unsichtbares, wie unsere Atemluft, freigesetzte Emotionen und ihre Auswirkungen auf unsere Mitmenschen, haben unser Interesse gänzlich verloren. Sie existieren in unseren Erkenntnissen als reale Tatsachen und werden nicht angezweifelt, da wir sie bereits vor langer Zeit integriert haben. Alles andere wird jedoch zerlegt und Prüfungen unterworfen, um es annehmen zu können.

Vielleicht sollten wir unseren Entdeckertrieb wieder mehr freien Lauf lassen, um die Schönheiten und Erkenntnisse des Lebens zu finden und schätzen zu lernen. Nur wer immer weiter seine Schritte geht, wird letztendlich am Ziel ankommen und Erkenntnisse daraus ziehen. Das Ungewohnte wird vom Erkennen abgelöst und zieht seine Kreise weit über unser Verständnis hinaus.

Jede Aktion deines Lebens ist eine Bereicherung für das große Ganze und verändert auch das Universum um unseren Planeten. Die Unendlichkeit erkennt ihre Grenzen und verändert und öffnet diese Begrenzungen um pulsierend und energiegeladen eine neue Schöpfung einzuleiten.

Das Hilferitual für deine Probleme

Jeder Tag hält etwas Besonderes für dich bereit. Schöne Dinge die dich jubeln lassen, berührende Situationen die dein Herz öffnen oder aber Lernprozesse an denen du fast verzweifelst. Nicht immer hast du das Gefühl, dass es jemanden gibt der dich hält und deine Probleme löst. Es ist daher Zeit in die Selbstverantwortung zu gehen. Eine Volksweisheit besagt, dass der Mensch nur das bekommt, was er aushält und an dem er wachsen kann. Dies ist aber nicht immer ein Trost in schweren Stunden. Doch auch kleinere Probleme, die immer wieder kommen, können sehr belastend sein. Manche Schwierigkeiten gehen nach einer Zeit von alleine, andere möchten aber intensiver angesehen und gelöst werden.

Für diesen Fall gibt es ein sehr wertvolles Ritual, bei dem du dich mit deiner inneren Weisheit verbinden kannst. Sie hält für alle Fragen eine hilfreiche Antwort bereit. Oft schon nach einigen Minuten blitzen dann Lösungsvorschläge in deinem Verstand auf. Hier und da zeigt sich die Antwort auch erst in den nächsten Tagen im äußeren Umfeld. Vielleicht durch einen schriftlichen Hinweis, dem Mithören von einem Gespräch oder durch eine Aktivität. Wege gibt es viele, wenn Mann oder Frau sich nicht festlegt, sondern die sensiblen Wahrnehmungsantennen ausfährt und bereit ist für den Empfang. So einfach geht es mit dem nachfolgenden Ritual:

* *✸*✸✸*✸* *

Suche bei deinem nächsten Spaziergang sieben ziemlich gleichgroße Steine, die sich gut beschriften lassen. Bevorzugt aus einem fließenden Gewässer oder fern von belebten Straßen. Wasche und trockne sie gut. Danach beschrifte sie mit einem Permanentschreiber oder einem Malstift für Steine der Reihe nach mit den Namen der Sternschreiber:

1. Stein - OCHAM

2. Stein - RANGOM

3. Stein - LAMAL

4. Stein - DURECORO

5. Stein - SCHOMARAS

6. Stein - VESIMOND

7. Stein - NEZARASAN

Ziehe dich nun mit den sieben beschriebenen Steinen zurück. Ohne Handy, ohne Musik und in einen Raum, in dem du dich alleine aufhältst.

Setze dich auf einen Polster oder eine Decke am Boden, ziehe deine Füße an deinen Körper (Lotussitz oder ähnlich) und nimm eine bequeme Haltung an. Richte deine Wirbelsäule auf und positioniere nun die sieben Steine kreisförmig im gleichen Abstand um dich.

Lege deine Hände mit der Innenfläche nach oben auf deine Knie, schließe deine Augen und richte die Aufmerksamkeit auf deine Atmung. Lasse den Luftstrom beim Einatmen bis in deinen Bauch fließen, halte kurz die Luft an und puste sie gleichmäßig aus bis sich keine Luft mehr in der Lunge befindet. Dies wiederhole einige Male. Versuche deine Gedanken nur auf die Atmung zu fokussieren. Wenn du innerlich ruhig bist, stelle nun deine Frage zu einem Problem, dass dich beschäftigt. Anschließend achte wieder dreimal auf deinen Atemrhythmus.

Besinne dich nun auf deine innere Stimme in deinem Herzen. Manchmal vernimmst du sie sofort. Auch wenn dies nicht der Fall ist, bedanke dich trotzdem bei den sieben Sternschreibern und bewahre die Steine in einem Säckchen oder einer Dose auf bis zur nächsten Fragestellung.

Du kannst dir nun zu deinem Ritual in einem kleinen Heftchen Notizen machen oder nachstehendes Protokoll als Vorlage verwenden und kopieren.

Die Fragen dienen zu deiner Wahrnehmung und auch zur Erinnerung an die gestellte Frage.

Protokoll

Datum:

Frage:

Gefühl dabei:

Waren starke Emotionen vorhanden: Ja / Nein

Wahrnehmung des Körpers:

Innere Bilder:

Aufgetauchte Farben:

Geräusche oder Stimmen: Ja / Nein

Erlebte Vibrationen im Körper: Ja / Nein

Schmerzempfinden: Ja / Nein

Auftauchen von Gerüchen: Ja / Nein

Wann wurde dieses Problem gelöst:

Wie wurde diese Situation verändert:

Waren Helfer involviert:

Manche Probleme lösen sich von alleine oder ein anderer Mensch löst sie für dich, weil es auch ihn betroffen hat. Daher kann es vorkommen, dass uns erst viel später bewusst wird, dass es diese Ungelöstheit nicht mehr im alltäglichen Leben gibt. Hier dient diese Aufzeichnung dazu, sich wieder ganz aus dem Problem-Energiefeld zu lösen.

Auch für spätere Zeiten, falls so eine Situation noch einmal auftreten sollte, ist es hilfreich wenn man es nachlesen kann.

Triffst du öfters eigenständig Entscheidungen in deinem Leben, so gewinnt dein Selbstbewusstsein an Kraft und Energie. Dein Durchsetzungsvermögen wird stärker und gewinnt dadurch an Einfluss. In Folge darauf werden Probleme schon im Ansatz gelöst.

Falls es notwendig ist, kannst du das Ritual beliebig oft wiederholen. Die Sternschreiber sind immer für dich da.

Die vollkommene Sicherheit
im Leben

Jeder Mensch möchte sich in der immerwährenden Sicherheit geborgen fühlen. Dieses Bedürfnis entspringt noch aus einer Zeit, wo die Lebenszeit kurz und im Außen ständig in Gefahr war. Auch heute noch gibt es für Millionen von Menschen nur eine trügerische Sicherheit. Bedroht von Kriegen, Seuchen, Hungersnöten und selbstauferlegten Begrenzungen, müssen sie Unsicherheiten aushalten. Darüber hinaus erstrecken sich Bedrohungen von unsichtbaren Gegnern, wie Naturgewalten und Wetterphänomenen.

Wo findest du also deine sichere Zone? Oft auftretendes Auseinandersetzen mit diesen abwechselnden Katastrophen und Bedrängnissen verhilft weder zur Ruhe zu kommen, noch Freude und Frieden zu finden. Selbst die Flucht vor diesen Ereignissen findet nicht immer ein gutes Ende. Reale Bilder auf unseren Fernsehern bezeugen dies täglich.

Der große Schutz der Hoffnung auf ein glückliches, gesundes und erfülltes Leben hat sein Zuhause tief in deiner Seelenebene. Erst der direkte Anschluss an die innere Weisheit lässt diesen besonderen Schutzraum entstehen. Dank dieser Erkenntnis wird es möglich, auch im äußeren Feld der Begegnungen Rückschläge und Zweifel wegzustecken und die Gedankengänge in positive Wahrnehmungen zu verwandeln. Das Vertrauen in das göttliche Prinzip gleicht einem Schutzanzug, durch den dir nichts Böses etwas anhaben kann. Persönliche Ausrichtungen in die Strömung der göttlichen Quelle können ein sicheres Gefühl bestärken und verinnerlichen. Diese Verbindung lässt niemals zweifeln am Glauben an das Gute.

Tiefes Vertrauen rechnet immer mit der Unterstützung der geistigen Welt. Kein Staat auf dieser Erde kann das persönliche Leben wirklich schützen. Alles was vergänglich ist, Geld, Besitz, Beziehungen und selbst das Leben, kann weder festgehalten, noch durch Anstrengungen gesichert werden. Versicherungen, Papiere wie Aktien oder Eheverträge sichern bis zu einem gewissen Grad das materielle Gut.

Durch das Öffnen der Gefühle treten Ängste an die Oberfläche. Unsicherheiten beeinflussen die

Emotionen und lösen eine Suche nach Sicherheit aus. Bei diesem Vorgang kann schnell die emotionale Seite gewechselt werden, indem man die innere Verbindung zur Seele sucht. Tritt wieder Selbstbewusstsein ein, wird automatisch besonnener gehandelt. Daran erkennst du die stabile Verbindung zur einzig wahren Sicherheit. Wissen, geboren aus dem Verstand des Intellekts, wird in die sanfte Gewissheit des Herzens umgewandelt. Diese Verbindung kann durch kein Ereignis deines Lebens unterbrochen werden. Verborgen und doch so offensichtlich erkennbar ist es dein ewiger Schutz deines Seelenhauses.

Der wichtigste Punkt aber um Sicherheit zu erlangen ist jedoch die richtige geistige Einstellung. Mit einer positiven offenen Grundhaltung lässt sich immer wieder neu beginnen und der Leidensweg hat ein Ende gefunden.

Die Leylinien-Erdung der neuen Zeit

Leylinien sind pulsierende Meridiane unserer Erde. In der Geomantie sind sie schon seit langer Zeit bekannt. Unsere Vorfahren wählten diese Kraftorte als Standplätze für Kultstätten, sowie Kirchen, Tempel und Ritualplätzen aus. Diese auf unserem Planeten verankerten kosmischen Ätherwellen dienen zum Aufladen der körpereigenen Energien. Ein starker Energiestrom fördert das Wachstum aller Lebewesen wie Pflanzen, Tiere und dem Menschen samt seiner Seele. Stehen auf Leylinienkreuzungen Bauwerke oder Steinskulpturen, so gewinnen diese noch mehr an Kraft und geben sie an die nähere Umgebung ab.

Hält man sich länger auf diesen Energiekanälen auf, wird der Mensch ruhiger, entspannter und konzentrierter. Meditationen und der Zugang zum inneren Wissen sind leichter und einfacher möglich. Ein heiliges Vakuum entsteht, in dem sich alle spirituell lebenden Menschen energetisch verbinden können. Untereinander und über unser Erdfeld hinaus ins große Universum.

Der Verbauungsplan unserer Landschaft durch große Städte mit verdichteten Anteilen an Beton und störenden Funkfeldern verhindert jedoch diese Wechselwirkung. Oft werden diese Linien sogar dadurch unterbrochen oder unsanft umgeleitet. Auch eine Reduzierung der Kraft in manchen Ländern wurde in den letzten Jahren beobachtet. Die Erklärung dafür ist in der Veränderung des Erdmagnetfeldes zu finden. Eine gleichmäßige Energieversorgung ist daher nicht mehr gegeben. Gefühlswahrnehmungen, wie Wärme und ein prickelndes Körperempfinden, sind selten geworden, wenn man sich mit Mutter Erde verbinden möchte. In der freien Natur funktioniert dies noch viel leichter. Wer sich mit dieser vorwiegend männlich erscheinenden Kraft des Elementes Feuer verbindet, gewinnt Impulse, die den Menschen in die Bewegung zum ganzheitlichen Handeln bringen.

Da wir uns in dieser Zeitepoche vorwiegend als denkende Menschen zeigen, kommt es häufig vor, das Personen, deren Berufe fast nur mit Gedankenkraft arbeiten, einen großen Mangel an Körperenergie aufweisen. Bis zum Hals zirkuliert wenig Energie, im Kopf jedoch bilden sich Verwirbelungen, die zu Schmerzen und Unwohlsein führen.

Auch erwachende Menschen klagen oft über unerklärlich, zeitlich begrenzte, wiederkehrende Hals- Zahn- oder Kopfschmerzen. Sogenannte Lichtkörpersymptome reagieren immer dann, wenn im näheren Umfeld die Leylinien durch Erschütterungen der Erde, große Eingriffe unserer Natur oder feinstoffliche Schwingungserhöhungen und Sonneneruptionen stattfinden. Empathische Empfindungen werden uns von nun an immer mehr begleiten und verstärkt auftreten. Sie leiten einen großen Wandel der Gitternetzstrukturen ein. Gleich einem Ventil für Ungleichgewichte unseres blauen Planeten reagiert alles was darauf und darin lebt mit nicht erklärbaren Phänomenen. Das Wetter mit seinen Kapriolen zeigt uns diese Blockaden auf. Durch Neuordnungen in der Natur und dem Einleiten zum Ausgleich für das universelle Gleichgewicht werden neue Portale und Verknüpfungen auf diesen Leylinien erschaffen.

Früher wurde als Gegengewichtung eine gute Erdung empfohlen, eine beabsichtigte Vorstellung der Verwurzelung. Heute reicht dies nicht mehr aus. Die gesunde Erdung verbindet sich in der neuen Evolution der Erdknoten samt ihren Leylinien. Um Erkrankungen vorzubeugen oder schneller Heilung erzielen zu können muss der menschliche Körper wieder an die große Kraft angeschlossen werden und die Energieschwingungen werden feiner und höherschwingend. Der Mensch verändert dadurch sein Energiekleid vom groben Stricknetz zur edlen Seide. Unten ist oben und oben ist das neue Unten.

* ****** *

Der Beginn dieses Prozesses findet den Anfang in konzentrierten Gedanken auf die Vorstellung einer Verbindung zu einem Energieknoten der Ley-Linien. Lasse einen Energiestrahl von deinem Herz bis durch deine Füße in den Boden hineingleiten, um leichter den Zugang zu diesem Kraftfeld zu finden. Neu ist, gleich einem Baum, die Anbindung des Kopfes (der Krone) an den himmlischen Kosmos durch das Freisetzen von Energiefäden, die sich wie im Wind wiegen.

* ****** *

Wie die tägliche Körperpflege kann auch der Energiekörper jeden Tag neu ausgerichtet und gereinigt werden. Eine regelmäßige Pflege dieses Energiekleides bringt eine ausgewogene Versorgung der Meridiane mit dem Kraftstoff, der unser

Leben erschaffen hat und es erhält. Hier verlaufen die direkten Drähte pulsierend in alle Richtungen der universellen Räume und verbinden sich mit den Linien aller erschaffenen Wesen.

Positive Einwirkungen sind die Folge. Eine tiefe Bewusstwerdung über die zentrale Verbindung allen Seins wirkt durch die neue Erdung schöpferisch und festigend. Wichtige Merkmale, die in Folge darauf eintreten, lassen diesen Strahlungseffekt bestätigen. Gesunde und friedvolle Gemeinschaften entstehen, in denen der Mensch sich vorurteilsfrei und anhaftungsfrei zeigen darf. Ganzheitliche Lösungen erscheinen und werden auch gelebt. Konkurrenzdenken gehört der Vergangenheit an, jeder wird für seinen Einsatz wahrgenommen und akzeptiert. Unterstützung kann angenommen und ausgebaut werden. Störungen der Befindlichkeit werden ausgeglichen und somit das Erwachen ins Bewusstsein gefördert. Das Immunsystem wird durch die gewonnene Energiezufuhr gestärkt und ausgebaut. Energetische Verbindungen erfahren eine direkte Anbindung zum Wissen der geistigen Felder. Die Kraftströmungen der Erde erholen sich und stehen dem Menschen wieder voll und ganz zur Verfügung. Bauwerke wer-

den der Landschaft und ihren stärkenden Energie-
feldern angepasst und mit ihnen verbunden, um
kein neues Ungleichgewicht zuzulassen. Verantwortung und das Gehen neuer Wege erfahren ihren Neustart in die Zukunft.

Durch diese neue Erdung entsteht die Epoche
der sakralen Bewusstseinsstufe. Dein Beitrag mit
der Verbreitung der neuen Erdungsart hat große
Auswirkung auf das Erreichen des kosmischen
Gleichklangs und leitet eine wundersame Veränderung der Schöpfung ein.

Das Manifest der göttlichen Sprache wird jetzt
sichtbar gemacht auf dem Weg zum goldenen
Zeitalter.

Löse dich von
spirituellen Vorbildern

Ab der nächsten Sekunde deines Lebens brauchst du keinen Meister, keinen Lehrer oder spirituelle Vorbilder mehr. Jetzt ist der Zeitpunkt gekommen, indem du auf dein inneres Wissen zugreifst. Intuitiv wendest du dich bei auftauchenden Fragen deiner eigenen, bereits gut eingerichteten Bibliothek der Spiritualität zu. Lediglich ein Austausch zwischen spirituell Suchenden wird dich auf wiederentdeckte Antworten hinweisen und sie finden lassen. Nur eine gut gestellte Frage hat die Lösung bereits in sich.

Schon seit langem wird beobachtet, dass sich Suchende mehr dem Menschen im Meister, als auf die Wahrheiten konzentrieren. Man möchte seinem Vorbild entsprechend leben, seine Weisheit besitzen, seine Ausstrahlung haben. Eigenschaften, die wir hiermit anstreben, haben aber ihre Wirkung durch die Persönlichkeit des Vorbilds erfahren. Vergleiche, die durch seine Ausstrahlung unser Herz berühren, enden alle im Schatten unseres Selbstbewusstseins und verkleinern dadurch unsere eigene Stärke.

Erst wenn die suchende Person erkennt, dass sie auf der gleichen Ebene wie der Meisterlehrer steht, fängt sie an wahrhaft zu leben. Im Beisein eines spirituell entwickelten Seelenmenschen fühlen wir uns wohl und die eigene Erinnerung kommt zwischenzeitlich an die Oberfläche. Das Festhalten ist anfangs schwer, da so viele Empfindungen samt ihren Emotionen ablenken oder die Geistesblitze verglühen lassen, bevor sie wirklich ganz ins eigene Bewusstsein angekommen sind.

Prozesse wie diese bedürfen einer langen Übungszeit. Unterstützt werden sie durch die eigene Neugier und dem inneren Streben ins bewusste Licht zu gehen. Die Schwingungsanhebung dieser Zeit verkürzt die Anlaufzeit des Erkennens. Doch nach mehreren geduldigen Anläufen erkennt man den eigenen Fortschritt. Im Außen wird die Liebe zu allen Wesen wie ein Leit- und Lichtfaden für die innere Entwicklung. Bilder und Worte, die uns im Alltag begegnen, lösen immer wieder neue Fragen aus. Wie eine Endlosschleife kommt uns dies vor, doch auch die Fragen verändern sich. Werden direkter und feiner, lösungsorientierter formuliert, eben der aktuellen Schwingung angepasst.

Bis zu diesem Zeitpunkt, wo der Suchende erkennt, dass er bereits angekommen ist. Er braucht nur mehr die äußeren Umstände verfeinern, um dem bis jetzt angehimmelten Meister und Lehrer tief in die Augen schauen zu können und sich dabei selbst, wie in einem Spiegel, erkennen.

Das endlose Sehnen verändert sich in das Erkennen des ICH BIN.

Wer du wirklich bist

Du bist das kleinste elementare Teilchen einer großen göttlichen Essenz. Ein Ausdruck schöpferischer Vielfältigkeit, um neue, veränderte Formen von Leben hervorzubringen. Von Angesicht der Urwelten an reihst du dich durch Veränderungen deiner Entwicklung in das unendliche Feld der Geschehnisse ein, die nur ein Ziel kennen. Die Wahrheit deiner Seele zu erkennen und in ihr die Erfüllung der Prophezeiungen des göttlichen Rats zu folgen.

Wie ein pulsierender Punkt in diesen Weiten des Weltalls durchleuchtest du jede Erfahrung deiner vielen, bereits gemachten und zukünftigen Erdenleben. Der Wechsel auf andere Schulungsplaneten und Inkarnationen kann jederzeit von dir durchgeführt werden. Erinnerungen daran werden jedoch nur von den Unterstützern der geistigen Welten bewahrt. Sie alleine wissen, dass jeder Stern in diesem Kosmos gleichzeitig auch in dir existiert und energetisch verknüpft ist.

Gesetze der elementaren Lebensformen gelten nur für die wahrgenommenen Daseinsformen. Darüber hinaus existiert jedes große All auch in kleinster Form im Menschenleben durch die Informationsketten der Genstrukturen.

Alles was der Verstand begreifen kann, wird erforscht und begründet. Das was aber ist, kann weder gefunden noch verstanden werden vom menschlichen Gehirn. Bewusstseinsebenen können von den Lebenden in ihren Träumen besucht werden, doch auch hier lässt die erfahrene und wissende Matrix viele Fragen offen.

Der Sinn des Lebens besteht aber nicht darin, dies zu lernen und das Wissen für nachfolgende Generationen zu dokumentieren, sondern über dich selbst hinauszuwachsen und dein Innerstes zum Erblühen zu bringen.

Gleich einem riesigen Puzzle erfasst der lebendige Erdenbewohner nur einen winzigen Teil der Farbgestaltung dieses großartigen Werkes der natürlichen Ordnung. Kein Puzzleteil ist groß genug, um ein Universum, wie wir es kennen, zu füllen. Da diese unendlichen, ewigen Felder im kosmischen Nebel liegen, wird das ganze Ausmaß ein immerwährendes Geheimnis bleiben.

Die menschliche Existenz ist notwendig, um eine Verbindung dazwischen zu schaffen. Wie ein winziger Lichtpunkt notwendig ist, gemeinsam mit tausenden von ihnen einen Raum zu erhellen, der in einem wunderschönen Tempel in dem gigantischen, unendlich großen Erdteil steht. Seine Existenz beruht auf dem gegebenen Wissen, dass in diesen Welten alle miteinander verbunden sind und sich immer wieder neu erschaffen.

Ein jeder Augenblick bringt einen neuen Kosmos hervor. Daran teilzuhaben und mitzuwirken ist der Sinn deines Lebens.

Abschied von der Esoterik

Der Begriff *Esoterik* hat laut Wikipedia die ursprüngliche Bedeutung einer philosophischen Lehre, die nur für einen begrenzten „inneren" Personenkreis zugänglich ist. Der Klartext dazu lautet, dass ein von Meistern auserwählter, spiritueller Mensch auf Sinnsuche geht, ohne sich einer bestimmten Religion zu unterwerfen.

Eigene Weisheit und Heilung, sowie Selbsterkenntnis zu suchen brachte viele Menschen in den letzten Jahrzenten auf diesen Weg. Mystische Erzählungen und Vorkommnisse galten als Rahmen dieser Bewegung zum Licht. Die Wahrheit zu finden, beflügelte Menschen aus allen Gesellschaftsschichten, sich mit dem vorweg Unsichtbaren zu beschäftigen.

Weniger bekannt ist die *Exoterik*, das Gegenteil von der esoterischen Lehre. Viel seltener wird dieses Wort verwendet. Es bezeichnet das nach außen gewandte Wissen und beschränkt sich im Wesentlichen auf die belegbaren und beweisbaren Anschauungen und Praktiken.

Diafotistik – Diese Zeit braucht einen neuen Namen

Geboren und entsprungen aus dem altgriechischen Begriff für Erhellung und Aufklärung.

Gleich einem Leuchtfeuer erhellt es für ALLE Menschen, die sich nun auf den Weg ins Licht machen, das Zutrittsportal. Nicht nur den ausgewählten Personen gilt dieser Zugang als Eintrittstor in das ewige Wissen. Jeder der sich berufen fühlt, kann nun die Geschichte der Seele leben. Das Beste aber daran ist, dass Informationen durch die *DIAFOTISTIK* immer der jetzigen Schwingungsebene unseres Universums angepasst werden. Irrwege werden dadurch vermieden. Alles wird sofort erfahren und nicht erst nach langjährigen Studien der Aufzeichnungen unserer Vorfahren. Einem Wunder gleich ist auch die persönliche Anpassung an das Leben aller, die sich gerade neu orientieren.

Neue Schriften, aufgezeichnet auf Seelenebene, werden in den nächsten Jahrzehnten die Bibliothek der Akasha-Chronik füllen und ergänzen. Möglichkeiten, dieses Wissen abzufragen, wird demjenigen eröffnet, der die Sehnsucht danach verspürt.

Prophezeiungen verlieren an Kraft, da sich schon während der Entstehung die Schwingungsfelder wieder verändert haben. Gehen wir aber den Weg der Diafotistik, brauchen wir sie nicht mehr. Jeder der daran teilnimmt, erschafft sich seine Wirklichkeit im ganzheitlichen Sinne, zum Wohl aller ständig neu.

Geschichten der Religionen werden neu geschrieben, angepasst an das erfahrene Energiezeitalter.

Anfangs werden diese Erkenntnisse Aufregung und Widerstand bei denen verursachen, die noch immer an dem schon lange Vergangenen anhaften und nicht wirklich bereit sind, das Gegenwärtige anzuerkennen.

Doch nichts von dem kann die Aufklärer aufhalten. Sie erschaffen mit ihrer Energieform das neue Zeitalter der Erleuchteten.

Mache dich nun auf, begib dich auf den ganzheitlichen Heilungsweg der Seele und erschaffe eine neue Lebensordnung.

Mit dem Tod der Polarität beginnt die Freiheit

Metamorphose kann nur dort geschehen, wo Platz gemacht wird für das Neue. Auch wenn es sich anfangs eigenartig anfühlt das wohlbekannte, vertraute Terrain zu verlassen, ist dies notwendig um die neue Energie in das Leben einzuladen. Schritt für Schritt wird alles vorbereitet, damit Körper, Geist und Seele für den großen Empfang bereit sind. Um den ersten Schritt zu machen gehst du wie mit einem Kochrezept um:

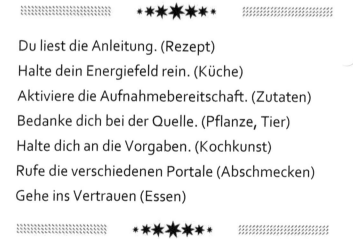

Du liest die Anleitung. (Rezept)

Halte dein Energiefeld rein. (Küche)

Aktiviere die Aufnahmebereitschaft. (Zutaten)

Bedanke dich bei der Quelle. (Pflanze, Tier)

Halte dich an die Vorgaben. (Kochkunst)

Rufe die verschiedenen Portale (Abschmecken)

Gehe ins Vertrauen (Essen)

Wenn sich die ersten Erfolge in deinem Leben bemerkbar machen wird aus dem anfänglichen Vertrauensvorschuss die Gewissheit zum Wissen. Immer öfter wirst du dich von den Sternschreibern unterstützen lassen. Vielleicht kristallisieren sich für dich ein oder mehrere Favoriten heraus, die zu deinem Entwicklungsweg momentan mehr passen. Nimm dennoch auch die Hilfe der anderen Helfer in Anspruch. Nicht immer kann unser Verstand mit der Seele im Takt bleiben. Kommuniziere auf allen Ebenen mit ihnen, um den größtmöglichen Effekt in deiner Seelenreise zu erzielen.

Die Freiheit des Denkens hat viel mit der gelebten Polarität zu tun, die immer noch vorwiegend in unserer Schwingungsebene vorhanden ist. Um sich von ihr lösen zu können bedarf es weiterer Schritte. Nicht alleine was du denkst löst im energetischen Bereich die Polung aus, sondern erst durch dein Tun bestätigst du den Code für das gewählte Energiefeld. Erst ab einer sehr feinen und hochschwingenden Energiewelle wird auch die Gegenseite der Pole ins Gleichgewicht angehoben. Verstärkt wird dieser Vorgang mit einer gleichschwingenden Umgebung samt Personen, durch die Musik samt ihren Instrumenten und Stimmklängen, sowie einem großen Vertrauen in eine wundervolle Zukunft. Werde ein Meister des Fühlens, indem du anstatt deinen Körper samt dem Aussehen ständig zu beobachten, die Aufmerksamkeit auf die innere Stimme und dem Aurafeld um dich herum lenkst. Dadurch entfernst du dich von der Polarisierung deines unmittelbaren Lebensraumes. Entscheide dich für die Furchtlosigkeit. Nur durch Angstfreiheit öffnet sich dir der Raum der unendlichen Möglichkeiten. Geheimnisse können sich mit ihnen offenbaren und die Entfernung auf niedrigschwingende Aspekte, wie negative Gemütsschwankungen und in Folge darauf erkrankte Körperstellen, nimmt Fahrt in Richtung völliger Gesundheit auf.

So werden immer weniger die Pole Einfluss auf dein Leben nehmen. Mit der Zeit kommt es dir so vor, als ob sie sich zurückziehen und die Lernprozesse im äußeren Feld nehmen kontinuierlich ab. Auch wenn im Weltgeschehen immer noch große Auswirkungen der Dualität stattfinden, entstehen für dich immer mehr bewertungsfreie Zonen. In diesen kannst du auftanken und dich weiterentwickeln. Die wenig beeinflussbaren Situationen verringern die Resonanz zu dir und beeinflussen dich nicht mehr im gleichen Ausmaß.

Lasse deinen Atem ruhig durch dich fließen und verbinde dich durch ihn mit dem gesamten Kosmos mit seinen Sternenvariationen. Er enthält das mystische Wissen und die Kraft der gesamten Vergangenheit. In vielen Millionen Jahren vor dir wurde dieselbe Luft geatmet und angereichert mit der Energie der Erfahrung von einfachen Pflanzen, über die Tiere bis zu namhaften Wegbereitern unter den spirituellen Menschen. Sei dir bewusst, dass auch du die Spuren für die zukünftigen Inkarnationen legst und sie zugänglich machst. Wähle immer die Ganzheit und nie die Trennung, indem du dich von den Sternschreibern führen lässt. Sie schwingen dich gleich einem Tanz mit den Wellen auf die Unendlichkeit sanft und kraftvoll ein. Diese Koryphäen lassen für dich alles zu einer Einheit verschmelzen, ohne deine Individualität zu berühren. Ein wundervoller Vorgang, wie er bisher noch niemals geschehen ist.

Kommuniziere daher regelmäßig auch mit anderen Menschen in deinem Umfeld, um auch ihnen die Möglichkeit dieses enormen Wachstums zu geben. Im Gegenzug könnt ihr euch gegenseitig durch hohe Schwingungen emporheben und austauschen. Antworten auf deine Fragen sollst du aber ausschließlich durch deinen inneren Zugang

erlangen. Jeder Mensch hat seinen eigenen Zeit-
rhythmus. Folgt er ihm, wird er künftig Druck und
Stress nicht mehr kennenlernen.

So kann das Erdenleben wahrhaftig gelebt und
verstanden werden. Jede Ebene des Seins gibt
seine Schätze für dich frei. Verwende sie dankbar
und behüte deine Zugänge zu diesen staunens-
werten Informationen. Weitere Schritte werden
von nun an immer gleich offenbart. Du wählst das
aus, von dem du dich angezogen fühlst. Auf diese
Weise spezialisierst du unbewusst deine Vorge-
hensweise in der zukünftigen ansteigenden
Schwingungswelle.

Spannend wird es auch zuzusehen, wie die gesamte Menschheit darauf reagiert. Nicht jeder
wird diese ersten Schritte machen. Manche verabschieden sich aus diesem Lernprozess und wählen
eine spätere Inkarnation dafür. Die Unschlüssigen
unter uns werden aber noch leiden, bis sie sich entschieden haben. Für sie beginnt das unvermeid-
bare neue Erleben erst verzögert. Darum mache
dich rechtzeitig auf den Weg.

Beachte das Ablaufdatum
des Karmas

Falls du dich noch im Hamsterrad des Energiekarmas befindest wird dir das Leben immer wieder leichte und schwere Prüfungen auferlegen. Wenn du aber dies änderst mit dem Einweihungsweg der sieben Portale samt ihren Ebenen, dann wirst du feststellen, dass du aus dem Weg der Endlosschleife aussteigst. Diese wunderbare Nachricht bringt aber dein Denken gehörig in Verwirbelungen. Nicht immer ist es leicht neue Wege zu gehen. Der Verstand macht dir oft einen Strich durch die Rechnung und der Zweifel tut sein Übriges dazu.

Um sich auf die neue Energiebewegung einzulassen, bedarf es einiger Abschlüsse mit karmischen Themen, die bereits Geschichte sind. In unserer Generation wird Gigantisches bewegt. Sowohl im technischen Bereich, wie auch in der Lebensführung samt Ernährungsgewohnheiten und der Medizin. Auch der psychische Teil unterliegt so schneller Entwicklung, dass der Verstand fast nicht mehr nachkommt, um dies alles integrieren zu können. Nun ist wieder das Vertrauen ins Neue gefragt, diese schnelllebige Welt gut zu durchschreiten. Massenbewegungen bringen fast täglich neue Forderungen ein, um die Lebensgestaltung erträglich zu machen. Was früher über Generationszeiträume verteilt war, ist heute in einem Zeitfenster von wenigen Tagen bemerkbar.

Durch weiträumige Planungen versucht der Mensch dies zu ordnen, doch täglich wird dies wieder über den Haufen verworfen. Änderungen gehören einfach inzwischen zum Tagesgeschehen. Je eher du dich darauf einstellst, umso weniger wirst du Widerstand in dein Leben ziehen. Mit allem einverstanden zu sein ist eine Sache. Aber keine Energie für Dinge zu verschwenden, die momentan nicht geändert werden können, die Andere. Suche den goldenen Mittelweg, um das volle Potenzial der Kraft für deine persönliche Entwicklung bereitzuhalten. Nur dann kann dein Fortschritt auch gelebt und neu integriert werden.

Die Zeiten haben sich geändert. Was früher als Karma bezeichnet wurde hat mit der neuen Energie seine Berechtigung verloren. Das Erleben ist oft nicht mehr wirklich notwendig, sondern bereits im Vorfeld der Gefühle können Erfahrungen energetisch ausgeglichen werden. Bloßes Ansehen von

Situationen kann das Gleichgewicht bereits wiederherstellen. Immer weniger Schuld wird folglich auf die Seelenebene geladen, denn die Polung der Andersseite ist nicht mehr wirklich vorhanden. Lediglich Filmsequenzen der Erfahrungen spiegeln sich noch manchmal im Fenster der karmischen Erinnerungen.

Wie ein abgelaufenes Produkt kann der Erinnerungsmodus in die Vergangenheit geschaltet werden. Rückführungen in vergangene Leben dienen nur mehr der Unterhaltung, jedoch nicht mehr zur Auflösung der Gegengewichtung. Viele Therapien dürfen die Gegenwartsebene jetzt verlassen. Dies wird aber nicht mit Freude gesehen, wenn die Therapeuten immer noch dem Alten zugetan sind. Doch auch sie werden mit der Zeit erkennen, dass sich das Rad der Zeit neu bildet. Ohne die Muster der vergangenen Leben.

Auch die Auswirkungen der Ahnen haben nun ihre Grenzen erreicht. Wer es möchte, kann sich zwar damit verbinden, Energietore dazu sind in den nächsten Jahren immer noch geöffnet, doch die Felder die betreten werden, unterliegen schon der neuen Ordnung. Das Karma ist Geschichte.

Gebete im neuen Kleid

Gebete und Anrufungen integrieren sich laufend in den neuen Modus. Auch wenn die Worte noch dem alten Vokabular entsprechen, ihre Wirkung ist schon lange mit den Energieknoten in die Erneuerung verknüpft. Sie unterstehen der freien Energie. Verschiedene Namen in vielen Sprachen hat es seit Jahrtausenden für sie gegeben, doch die Wirkung hat sich seitdem eher noch verstärkt. Worte können nie festgehalten werden in einem Rahmenschema, sondern sind pure Verwandlung in Energiefäden. Viel mehr kommt es darauf an, wer sie spricht. Ist der Betende sich seiner Spiritualität bewusst, kann er jederzeit die Verbindung zur neuen Energiewelt aufnehmen. Der direkte Draht in den universellen Raum des Ausgleiches ist für ihn offen und bereit, seiner Bitte zu gewähren.

Schon seit dem Beginn der Menschheit wurden Rituale, ähnlich den Gebeten, in das tägliche Leben miteingebunden. Millionen von Menschen können sie nicht irren wenn sie dieser besonderen Energieform vertrauten und immer noch vertrauen. Wunder sind geschehen, Verbesserungen oft sofort spürbar und der Weg der Heilungen haben den Beweis dafür erbracht. Ausrichtende Gedanken ins göttliche Vertrauen haben nichts mit dem Personenkult verschiedener Religionen zu tun. In ihnen werden Männer und Frauen verherrlicht, obwohl ihre Schriften dies untersagt haben. Hinter jeder dieser Projektionen steht aber die pure Energie. Daher funktioniert auch dies noch vortrefflich. In der neuen Energiebewegung wird aber ein Abrücken davon beobachtet. Noch viele Jahre werden uns diese überlieferten Geschichten an unserem Leben anhaften, doch das Loslösen hat bereits begonnen. Unterschiedlich zeigt sich dies in unserer Realität. Viele Gläubige wenden sich von den Kirchen ab, jedoch zieht es diese mehr in Richtung Religion. Sie erkennen den Unterschied vom Personenkult zur Urenergie des Universums und wenden sich wieder direkt dem Licht zu. Ohne Zwischenhändler, die ihren persönlichen Stempel auf die ganze Inszenierung aufgedrückt haben. Ungleichgewichte wie diese werden ausgeglichen und der neuen Form angepasst. Also bete weiterhin, denn in der Gegenwart hat sich das Energielevel rund um die Erde vervielfacht und ist feiner und stimmiger geworden.

Was tun bei negativer und schwarzer Energie?

Nichts!

Sobald du dich von der polaren Energie entfernt hast gibt es die andere Seite nicht mehr im großen Meer der Spiegelungen. Im gegenwärtigen Augenblick wird das Ungleichgewicht von Licht und Schatten gleichzeitig projiziert. Die Energie lebt somit nur mehr im Zeitrahmen der ersten Wahrnehmung. Daher ist es wie es ist. Viele Ängste fallen sofort weg, denn sie haben keinen Platz um anzuhaften. Augenblicke wie diese werden viel achtsamer gelebt, da sie sich sofort wieder weiterentwickeln. Wer noch beängstigende Verdunkelungen in seiner Seele bemerkt, ist noch nicht in der neuen Energie angelangt. Oder pendelt hin und her, wie ein Embryo, der sich noch nicht für die Inkarnation entschieden hat.

Anfangs noch schwer wird es später immer leichter, je mehr man sich auf diesen Prozess einlässt. Die Seelenverbindungen werden aber immer mehr gestärkt und vibrieren im Gleichklang der

Schwingungen mit, um den Vorgang zu erleichtern. Für dies gibt es keine Übungen. Vertraue dem Leben und es wird dir mit jedem Tag leichter fallen. Viele von uns sind noch viel zu viel mit dem Materialismus verbandelt. Ein Kennzeichen dafür ist, wenn die Angst überwiegt. Zum Beispiel die Arbeit zu verlieren, Zweifel ob die Bank das hart verdiente Geld auch wirklich schützt oder die Immobilien an Vater Staat abtreten zu müssen. Kein Mensch vor dir hat es geschafft, beim Übergang etwas mitzunehmen, außer seiner Seele. Wie tröstlich ist doch diese Vorstellung der Gleichheit mit den schönsten, reichsten, berühmtesten oder einflussnehmenden Personen der Öffentlichkeit. Der Tod behandelt schlussendlich alle gleich, aber das Wissen der Seele ist unterschiedlich, je nach Bewusstsein. Dieses weiterzuentwickeln ist anzustreben, damit an diese Vielfalt von Talenten und Erkenntnissen rückerinnert wird. Ohne diese Bewusstwerdung und Schwingungsanhebung verfällt man wieder in die alte Energieform mit ihrem Karma-Rad der Inkarnationen. Und ein neuer Anlauf wird nötig sein, eine mühsame Wiederholung ohne Rückerinnerung. Entscheide dich bald, ansonsten wird über dich entschieden werden.

Male deine Seele

Es ist ratsam im Abstand von einigen Monaten Bilder von der eigenen Seele anzufertigen. Wenn du jetzt in Gedanken fragst: „Wie geht das denn?", antwortet dir deine Seele gerne.

Lege ein Blatt Papier und Farbstifte vor dich hin auf einen Tisch und bitte die sieben Sternschreiber um Führung dabei. Verbinde dich mit deinem inneren Raum und schließe die Augen. Spürst du das leise Vibrieren in der Mitte deines Körpers? Tauchen Gedankenblitze auf, vielleicht sogar in einer Farbe? Nimm jetzt einen Farbstift deiner intuitiven Wahl in die Hand und zeichne oder kritzle einfach drauf los. Wenn du das Gefühl hast, die Farbe wechseln zu wollen, gib diesem Drang nach. Beende diesen Vorgang erst, wenn du dich wieder von alltäglichen Dingen ablenken lässt. Ein Vogelgezwitscher, Stimmen aus dem Nebenraum, eine Melodie oder ein Geruch. Schreibe das Datum auf die Rückseite und lege das Bild in eine vorgesehen Mappe.

Nach ein paar Tagen nimmst du es wieder zur Hand und betrachtest es, als ob es ein Fremder gemalt hätte. Lasse deine Kritik des Verstandes beiseite und konzentriere dich darauf, ob dich dieses Kunstwerk inspiriert oder Emotionen heraufbeschwört werden. Achte auch auf Kleinigkeiten, ohne sie zu bewerten. Die Gradwanderung wieder in alte Verhaltensmuster zurückzukehren ist hier oft gegeben. Betrachte deine Arbeit solange, bis keine Emotion mehr damit verbunden wird. Der Zeitpunkt, das gemalte Bild ruhen zu lassen, ist da.

* ✶ ✱ ✵ ✱ ✶ *

Wiederhole diesen Vorgang in gleichen Abständen. Mit jedem neuen kreativen Werk wird dein Seelenmuster verschönert. Farben ändern sich, Formen verschwinden oder werden anders dargestellt. Alles hat seinen Wert zur gegebenen Zeit. Die Mappe füllt sich immer mehr und der sichtbare Beweis deiner Rückerinnerung wer du wirklich bist, wird sich beim Betrachten zeigen.

Bis du eines Tages dein Meisterwerk vollendet hast und diese ergänzenden Erfahrungen mitnimmst in die neue Energiewelt.

Der Nachtmodus für entspannende Ruhe

Seit einigen Jahren zeichnen sich immer mehr Schlafstörungen in der Bevölkerung ab. Nach einem intensiven Erleben von belastenden Emotionen und Stress, einem körperlich arbeitsreichen Tag, übermannt der Schlaf den Menschen. Immer wieder wird aber berichtet von Einschlaf- und Durchschlafstörungen. Nächtliche Dauerbeleuchtung, endlose Denkschleifen, zu wenig Bewegung in der Natur, künstliches Licht, Einschlafen beim Fernsehen, ungeregelte Arbeitszeiten oder Nachtarbeit verstärken diese Symptome.

Aber auch Lichtkörper-Symptome spielen hier eine große Rolle. Während des traumlosen Tiefschlafes geht die Seele heim zur Urseele, um eine Verbindung zum göttlichen Aspekt zu bewahren. Der Name für diesen Vorgang wird als „der kleine Tod" bezeichnet.

Erholsamer Schlaf stellt sich aber keiner wirklich ein. Oft wacht man auf mit dem Gefühl, kaum geschlafen zu haben. Der Tag wird müde begonnen und der Mensch kommt einfach nicht richtig in

Schwung, um sein Tagespensum zu schaffen. Wiederholt sich dies mehrmals hintereinander über einen längeren Zeitraum, naht eine Befindlichkeitsstörung.

Die sieben Sternschreiber bieten uns eine wunderbare Technik an, mit der bewusst in den Tag- und Nachtmodus gewechselt werden kann. Trotz der anfänglichen Einschlaf- und Durchschlafstörungen kann hiermit die volle Erholungsenergie aufgetankt werden. Selbst nach wenigen Schlafstunden ist der Krafttank im Menschen voll aufgefüllt und der Tag kann mit Schwung und guter Laune begonnen werden. Auch zwischenzeitliche Müdigkeitserscheinungen, wie nach dem Essen, gehören der Vergangenheit an.

Um bewusst wechseln zu können zwischen Tag und Nacht, reicht ein kleines Ritual vor dem Einschlafen und gleich nach dem Aufwachen.

Blicke bevor du das Bett aufsuchst in den Badezimmerspiegel, suche den eigenen Augenkontakt. Blicke zuerst in das linke, dann in das rechte Auge. Wechsle anschließend auf den Punkt zwischen deinen Augen, fixiere ihn und beginne das Ritual mit folgenden Worten:

„Ich begrüße den Seelenstern in meinen Augen und bedanke mich für die bereitgestellte Energie, die mich nachts zur Ruhe kommen lässt und meinen Schlaf bewacht."

Ähnlich gestaltet sich das Ritual nach dem Aufwachen. Stelle dich wieder vor den Spiegel, suche den eigenen Augenkontakt. Blicke zuerst in das linke, dann in das rechte Auge. Wechsle anschließend auf den Punkt zwischen deinen Augen, fixiere ihn und beginne mit folgenden Worten:

„Ich begrüße den Seelenstern in meinen Augen und bedanke mich für die bereitgestellte Energie, die mich tagsüber bis zum Abend mit Kraft und Ausdauer versorgt."

Diese Worte können auch gedacht werden. Empfehlenswert ist jedoch, sie anfangs laut auszusprechen. Erst wenn das Ritual zur liebgewonnen Gewohnheit wird, genügt die Variante des Denkens.

Der Seelenstern, durch den Blick der Augen aktiviert, stellt die direkte Verbindung zu der Energie der sieben Sternschreiber her. Zwischen deinen Augen befindet sich ein Energiepunkt, der wie ein Radioempfänger funktioniert. Energiewellen gehen auch von diesem Punkt aus zurück in das unendliche Feld der Seelenheimat. So findet, gleich einer unsichtbaren Leitung, der kosmische Austausch statt.

Nun wird die für dich ideale Kraftreserve aufgefüllt, um entweder problemlos zu schlafen oder mühelos den Tag zu verbringen. Selbst wenn eine Nachtruhe mit weniger Schlafintervallen passiert, fühlst du dich trotzdem erholt und ausgeruht. Spätestens in den nächsten Nächten werden die Unterbrechungen wieder weniger. Hervorgerufen kann dies auch durch den übermäßigen Konsum von Essen und Trinken spätabends werden, oder durch eine Erkrankung, bei der auch tagsüber viel geschlafen wird. Aufregungen durch Schicksalsschläge sind weitere Ausnahmen, doch die Durchführung sollte nie unterbrochen werden. Emotionen wie Streit oder Angst können auch vermehrte Träume auslösen. Mache einfach weiter wie gewohnt, dann wird sich dein Alltagsleben wieder beruhigen.

Wende dieses Ritual wirklich jeden Morgen und Abend an, damit der Gewohnheitseffekt nach zwei bis drei Wochen Früchte trägt. Manche bemerken den Erfolg sofort, bei anderen dauert es ein paar Wochen, bis eine Veränderung sichtbar wird.

Bemerken wirst du aber eine höhere Schlafqualität, die nicht mehr von der Schlafdauer abhängig ist. Ein energievoller Tagesmodus stärkt deine Gesundheit, lässt deine kreative Ader pulsieren und ist eine unterstützende Hilfe bei zwischenmenschlichem Gefühlsaustausch. Der Prozess des Alterns wird ebenfalls verlangsamt. Eine wunderbare Zeit des harmonischen Körperempfindens beginnt.

Das aktuelle Zeitgeschehen
und du

Nichts polarisiert mehr als das aktuelle Zeitgeschehen. Das Volk teilte sich schon seit unzähligen Generationen in verschiedene Lager. Arme und Reiche, Analphabeten und Studierte, Geschundene und Verwöhnte, Dumme und Kluge, Unerfahrene und Erfahrene, bis hin zu Schlafenden und Bewussten. Das was in deiner wahrgenommenen Welt passiert ist die zugespitzte Lage der Erfahrungen aller Inkarnationen. Im Außen zeigt sich ein Bild der Intoleranz für die verschiedenen Seiten. Jeder von diesen Blickwinkeln beansprucht für sich die Wahrheit und bezichtigt die andere Meinung der Lüge. Mit dem Hin- und Her entsteht eine große Unsicherheit und Planlosigkeit. Heute bestimmt die alte Verordnung dein Leben, doch morgen ist schon die nächste Veränderung und Einschränkung in Sicht.

Wohin führt uns dies alles und warum passiert es gerade jetzt?

Um diese Frage zu beantworten, bedarf es einen kleinen Ausschnitt deines Lebens zu betrachten: Bei fast jeder erwachsenen Person dieses Planeten gab es zumindest eine Situation, die genauso festgefahren war, wie derzeit auf verschiedenen Kontinenten dieser Erde. Irgendwann bildeten wir uns eine Meinung. Gefestigt durch eigene Erfahrungen, Verhaltensmustern, angelernten und übernommenen Informationen, deren Wahrheitsgehalt nie wirklich überprüft wurde. Das Ergebnis davon wurde zu einem Teil unserer Persönlichkeit. Ein äußerer Umstand zwingt uns nun, diese gewisse Meinung zu hinterfragen. Nun spalten sich die möglichen Varianten, um damit umgehen zu können. Die erste Seite der Medaille zeigt uns, dass wir bei dieser Annahme bleiben sollen. Sie hat uns ja in der Vergangenheit gute Dienste geleistet und uns vor Schaden bewahrt. Auf der zweiten Seite entdecken wir ungeahnte neue Interessen, Sachverhalte, Beweise wie sie noch nie da waren, in einem neuen Licht gespiegelt. Jetzt erst beginnt der innere Kampf. Wohin soll man sich wenden? Anfangs probiert man alle zwei Seiten, das Pendel des Interesses schlägt in alle zwei Richtungen aus. Doch wenn erste Erfahrungen damit von fremden Personen dargestellt werden und öffentlich darüber diskutiert und berichtet wird, kommen Zweifel über die Wahrheit auf.

Du merkst schon wie vergleichbar dies mit unserer derzeitigen Lage ist. Nur jetzt schlagen für fast alle Erdenbewohner diese Pendel gleichzeitig aus. Obwohl schon vorher in jedem von uns dies im Kleinen passiert ist, erkennen wir nicht mehr den Lernprozess dieses Erdenschicksals wieder, **darum machen wir jetzt diese Erfahrungen**. Um zu lernen und zu integrieren, was zur Transformation unseres Seins noch fehlt.

Der spirituelle Teil zur Lösung dieses Konfliktes liegt daher in jedem von uns selbst. Nicht das was rund um uns passiert ist die Lernerfahrung. Einzig wichtig ist es, wie wir damit umgehen.

Keine Schuldzuweisung an Familienmitglieder, Freunde, öffentliche Einrichtungen oder den Politikern führt uns in die persönliche Seelenfreiheit. Jeder heimliche oder öffentliche Protest verstärkt nur die Pole des unverstanden kollektiven Nichtwissens. Durch negative Erfahrungen wird unvermeidbar das Bewusstsein unterdrückt. Schon viele Leben wurden dafür verwendet dies auszugleichen. Auf dieser Linie weiterzugehen, wäre ein

Nichtbeachten von vielen Inkarnationen. Nur das Besinnen, das alles einen Anfang und ein Ende hat, lässt uns erahnen, in welche Richtung diese Erfahrung geht.

Sollten die Emotionen wieder mal überkochen, dann ist ein Rückzug angebracht, um die Energien nicht zu verschleudern. In einen Prozess, der schon auf dem Sterbebett liegt. Wenden wir uns lieber dem Leben zu.

Behalte deine Kraftressourcen für die einzig wichtige Sache, dem Wohlergehen von Körper, des gesunden Verstandes und dem größten Schatz in diesen Dimensionen des Daseins:

Die unverletzte, vollkommene Seele.

Über diese Portale öffnet sich der Energieweg der neuen Zeit.

Über die Autorin

Die Autorin lebt mit ihrer Familie im Herzen des schönen Oberösterreichs. Seit ca. 20 Jahren bietet sie dort in einer eigenen Praxis verschiedene Formen von Energieheilkunst, unter anderem Reiki und Bespre- chen, an.

Schon in ihrer Kindheit interessierte sie sich für Re- ligion und Natur. Doch erst nach Heilung von schweren Erkrankungen gab es eine Wende in ihrer beruflichen Laufbahn.

Seitdem ist das alte Wissen von Energie und deren Auswirkungen zu einer Lebensphilosophie geworden, die sie nun gerne auch mit Interessierten und Hilfesu- chenden teilt. Du findest sie auf Facebook unter „Eira - Reiki - Rosemarie Sichmann". Über eine Rezension würde sie sich sehr freuen. Diese wird auch von ande- ren Lesern zur Orientierung geschätzt und verhilft zu spirituellem Wachstum, was wiederum allen zu Gute kommt.

Die Internetseite der Autorin ist: www.eira.at

Mit diesen kraftvollen Gebeten gewinnst du einen Einblick in die wunderbare Welt der Energieheilung. Kleine und große Nöte des Alltags können auf diesem Wege der Heilung zugeführt werden.

Doch nicht nur am Menschen, sondern auch bei unseren treuen Weggefährten – den Tieren – darf diese Art der Heilung angewandt werden.

Worte verwandeln sich in Energie…

Auch für schwierige Phasen in deinem Leben, wenn Körper und Psyche nicht mehr im Einklang sind, helfen Gebete, um die Gesundheit und Harmonie wiederherzustellen.

Mit der Sprache der Gebete klinkst du dich in eine Energieebene ein, die besonders jetzt in dieser Zeit der Schwingungsanhebung von der geistigen Welt liebevoll unterstützt und geheilt wird. Übernimm die Selbstverantwortung für dein Leben und erfahre berührende Heilung von Körper, Geist und Seele.

Berührende Heilgebete für die Probleme, die sich im Familienleben ereignen, unterstützen den Heilungsweg von Eltern und Kind.

Schwinge dich durch das Sprechen der Gebete in die richtige Heilungsfrequenz ein und erfahre dadurch die Wunder des Lebens.

Werde dir wieder bewusst, dass die geistige Welt dich und deine Lieben immer auf eurem gemeinsamen Weg unterstützen wird.

Die Autorin rückt, mit wahren Praxiserlebnissen über das Heilbeten, den Fokus auf die uralte, erfolgreiche Heilungsform des Besprechens.

Wie ein stiller Beobachter taucht der Leser in die wundervolle Welt der Energien ein.

Die Autorin zeigt mit ihren Praxiserlebnissen über das Heilbeten auf, wie psychische Krankheiten ganzheitlich und erfolgreich geheilt werden können.

Schon durch das Wiedererkennen von Symptomen können gezielte Maßnahmen eine Verschlechterung stoppen. Somit werden Körper, Geist und Seele in eine einheitliche Schwingung gebracht.

Dieses Buch wird dein Leben verändern!

Alles, was du in deinem Leben bis zum heutigen Tag verinnerlicht hast, wird sich ab jetzt in einer neuen Sichtweise manifestieren.

Die Tage, in denen du dich als Opfer der äußeren Umstände gefühlt hast, neigen sich dem Ende zu. Vieles wirst du nun in Frage stellen und ändern.

Kannst du dir vorstellen, dass es machbar ist in Eigentherapie deine Seele zu heilen, deine Gesundheit zu verbessern und neue Sichtweisen zu gewinnen?

Durchschreite dein Seelenhaus und finde verborgene Schätze. Dein Selbstbewusstsein wird gestärkt und ein starkes Fundament begleitet dich durch dein Leben.

Tritt ein in die Welt deiner Seele. Erfahre hier, was du vor langer Zeit vergessen hast, wonach du schon dein ganzes Leben lang suchst. Finde deine Seelenfamilie wieder, die dir durch berührende Seelenbriefe Nachrichten zukommen lässt. Erfahre wo sich deine Seele befindet und welche Talente dich zu deiner Lebensaufgabe führen. Verletzte Seelenanteile werden geheilt und integriert.